Bjørn Dunkerbeck
Wolfgang Bernhard

THE SEARCH

Erfolgreiche Techniken, die besten Surfspots
und die richtige Lebenseinstellung

Vielen Dank an alle,
die mitgeholfen haben,
dieses Buch zu ermöglichen.

Euer Bjørn

Bjørn Dunkerbeck
Wolfgang Bernhard

THE SEARCH

Erfolgreiche Techniken, die besten Surfspots
und die richtige Lebenseinstellung

2. Auflage 2008
© 2007 riva Verlag, München
Das Werk einschließlich aller seiner Teile ist urheberrechtlich geschützt. Jede Verwendung außerhalb der engen Grenzen des Urheberrechtsgesetzes ist ohne Zustimmung des Verlages unzulässig und strafbar. Das gilt insbesondere für Vervielfältigungen, Übersetzungen, Mikroverfilmungen und die Einspeicherung und Verarbeitung in elektronischen Systemen.

Covergestaltung: Stephanie Villiger
Layout und Satz: Agentur MCP, Holzkirchen
Lektorat: Jutta Friedrich
Druck: Joh. Walch, Augsburg

ISBN 978-3-936994-37-7

Bibliografische Information der Deutschen Bibliothek:
Die Deutsche Bibliothek verzeichnet diese Publikation in der Deutschen Nationalbibliografie; detaillierte bibliografische Daten sind im Internet über http://dnb.ddb.de abrufbar.

Für Fragen und Anregungen:
dunkerbeck@rivaverlag.de

Fordern Sie unser Verlagsprogramm an:
vp@rivaverlag.de

riva Verlag
riva ist ein Imprint der FinanzBuch Verlag GmbH
Nymphenburger Straße 86
80636 München
Tel.: 089 4444679-0
Fax: 089 652096
E-Mail: info@rivaverlag.de

www.rivaverlag.de

Infos, Bilder und vieles mehr unter
www.dunkerbeck.com

INHALT

BJØRN DUNKERBECK:
DER ERFOLGREICHSTE SPORTLER ALLER ZEITEN   **8**

Profil 10
Vorwort 11
Der Koautor – 25 Jahre Bekanntschaft mit Bjørn 12
Wie das Buch entstand 13
Fragen-Rap 1 14

KAPITEL 1:   **THE SEARCH:**
                    BJØRNS SUCHE NACH DER PERFEKTEN WELLE   **18**

Geschichten am Lagerfeuer 19
Die Robinson-Crusoe-Seite des Windsurfens 21
Was muss man bei einem Search beachten? 26

KAPITEL 2:   **ZEHN SEARCH-REVIERE**   **32**

Fidschi 32
Western Australia 35
Bali 38
Sumatra 42
Chile 44
Baja California 48
Tahiti 50
Mauritius 52
Kanarische Inseln 54
Kap Verde 56

KAPITEL 3:   **IM ZEITRAFFER: 30 JAHRE IN BJØRNS KARRIERE**   **60**

1977 bis 1986: »El Niño« 60
1987 bis 1996: von »El Niño« zum Terminator und Windsurf-Superstar 62
1997 bis 2007: vom Windsurf-Superstar zum Trendsetter 64
Body-Index 67

KAPITEL 4: »EL NIÑO«, DAS WINDSURFKIND — 68

Bjørns Kindheit: Wie der Vater, so der Sohn,
aber wo die Mutter ist, ist auch der Weg 68
Bjørn in der Schule 71
Die Eltern legen die Basis des Erfolgs 75
»El Niño« macht Karriere 83

KAPITEL 5: TERMINATOR, PROFI, SUPERSTAR — 88

Bjørn über seinen Einstieg in den PWA-Zirkus 88
Mythen über Bjørns Erfolge 91
Vorbereitungen auf einen Wettkampftag 97
Das Rennen 100
Nach dem Rennen 104
Profialltag 105
Training 106
Sponsoren 109
Entwicklungen des Materials 111
Unerlässliche Details 112
Fragen-Rap 2 114

KAPITEL 6: FAHRTECHNIK — 116

Die optimale Grundhaltung 117
Manöver 118
Sprungtechnik 119
360er 122
Turns (Wenden) 123
Stürze 125

KAPITEL 7: DAS MATERIAL — 126

Board und Segel 126
Gabelbaum und Trimmsystem 128
Fußschlaufen und Pads 129
Trapez und Neoprenanzug 129
Gewichtsweste, Helm, GPS 130
Die Firma Proof 131

KAPITEL 8: WAVERIDING — 134

Der Wettbewerb 135

Verhalten im Weißwasser...................................140
Pozo Izqierdo 142
Ho'okipa Beach Park 145
Die Nordsee und Sylt 147

KAPITEL 9: WATERMAN — 148
In seinem Element 148
Tauchen und Fischen 150
Harpunenunfall 151

JENSEITS DES WINDSURFENS — 156
Fragen-Rap 3 158

KAPITEL 10: SPEEDFAHREN — 160
Vorreiter und Trendsetter 162
Gründliche Vorbereitungen 163
Speedcontest 166
Speedwettkampfformen 171

KAPITEL 11: GEGENWART UND ZUKUNFT DES WINDSURFENS — 172
Der erste Weltmeister im Freestyle 172
Was kommt als Nächstes 174

MOTIVATION UND FASZINATION WINDSURFEN — 175
Bjørn über seine Liebe zum Windsurfen 176
Bjørns Freunde über den Sport und über Bjørn 180
Amateurwindsurfer über den Sport und über Bjørn 186

KAPITEL 12: JAWS — 190
Die mächtigste Welle der Welt 191
Die Technik für Jaws 194
Die Welle dreht sich ein 196
Fragen-Rap 4 198

DIE STATISTIK EINER EINZIGARTIGEN KARRIERE — 203

SCHLUSSWORT — 218

NAMENREGISTER — 219

SACHREGISTER — 220

BJØRN DUNKERBECK:

DER ERFOLGREICHSTE SPORTLER ALLER ZEITEN

...beck ist der wohl erfolgreichste Sportler aller Zeiten. Vielleicht gibt es in einer ...noch einen Athleten, der so viele Einzelweltmeistertitel erlangt hat wie Bjørn Dun- ...n den großen, den bekannten Sportarten ist es wohl einzigartig, dass ein Sport- ...ortart über zehn Jahre lang so erfolgreich gewesen war wie Bjørn und dabei ...ltmeistertitel geholt hat, die es zu holen gab. Vergleicht man seine Leistung ...kisport, so wäre es, als hätte ein einziger Athlet mehr als zehn Jahre lang ...rt-, Riesentorlauf-, Super-G- und sämtliche Kombinations-Weltmeistertitel

Enjoy the ride!

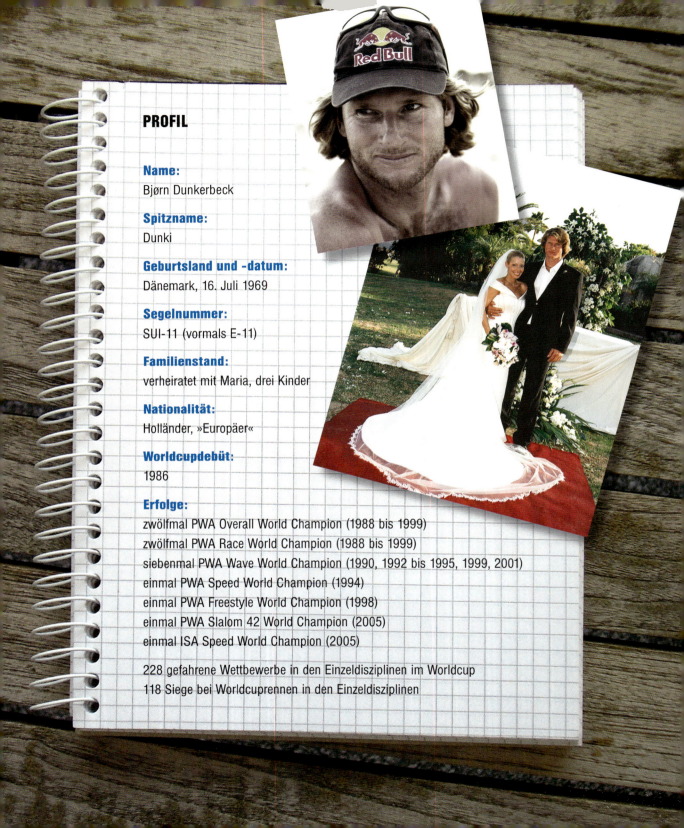

PROFIL

Name:
Bjørn Dunkerbeck

Spitzname:
Dunki

Geburtsland und -datum:
Dänemark, 16. Juli 1969

Segelnummer:
SUI-11 (vormals E-11)

Familienstand:
verheiratet mit Maria, drei Kinder

Nationalität:
Holländer, »Europäer«

Worldcupdebüt:
1986

Erfolge:

zwölfmal PWA Overall World Champion (1988 bis 1999)
zwölfmal PWA Race World Champion (1988 bis 1999)
siebenmal PWA Wave World Champion (1990, 1992 bis 1995, 1999, 2001)
einmal PWA Speed World Champion (1994)
einmal PWA Freestyle World Champion (1998)
einmal PWA Slalom 42 World Champion (2005)
einmal ISA Speed World Champion (2005)

228 gefahrene Wettbewerbe in den Einzeldisziplinen im Worldcup
118 Siege bei Worldcuprennen in den Einzeldisziplinen

VORWORT

Es ist nun mittlerweile 15 Jahre her, als ich in meinem Büro saß und meine Assistentin mir mitteilte, dass ein Herr Dunkerbeck in der Leitung sei und mich sprechen wolle. Sofort ließ ich ihn direkt zu mir durchstellen, da ich schon viel über den jungen Windsurfer gehört hatte und freute mich, ihn mal persönlich zu sprechen. Schon nach diesem ersten Telefonat war ich sicher, dass ich es hier mit einem ganz besonderen Menschen zu tun hatte und er gut zu uns und zu unserem Style passen würde.

Bjørn Dunkerbeck und Dietrich Mateschitz

Seine nette und dynamische Art ließ mich nicht mehr los und ich beschloss nach diesem Telefonat, ihn möglichst bald zu besuchen. Schon zwei Tage später saß ich im Auto und fuhr Richtung St. Moritz zum Surfkontest an den Silvaplanasee. Vom Strand aus sah ich ihn Surfen und war fasziniert – noch nie hatte ich jemanden gesehen, der Bord und Wasser so in Einklang brachte. Nachdem ich mich dann auch noch kurz persönlich mit ihm unterhalten hatte, war mir klar: Dieser Mann passt perfekt zu uns! Keine zwei Tage später trug er das Red-Bull-T-Shirt.

Anfänglich als Partner, später als Freund verfolgte ich seine Karriere und fieberte bei fast jedem seiner 35 Weltcuptitel und vielen anderen Events mit. Doch nicht nur seine Erfolge, auch sein unermüdlicher Einsatz für den Surfsport veränderten nach und nach die Wahrnehmung in der Öffentlichkeit für den Surfsport – heute kommen über 200 000 Menschen zum Surf-Weltcup nach Sylt.

Ich bin stolz, dass ich Bjørn als Partner für Red Bull gewinnen konnte, da er kaum wie ein anderer den Spaß am Leben, gepaart mit Zielstrebigkeit und Leistung, verkörpert.

Ich freue mich sehr, dass sein spannendes Leben und seine teilweise ungewöhnlichen Ansichten nun als Buchform vorliegen und jeder von uns ein bisschen »Bjørn« daraus mitnehmen kann.

Dietrich Mateschitz

DER KOAUTOR – 25 JAHRE BEKANNTSCHAFT MIT BJØRN

Es war so eindeutig. Da war kein Zweifel. Weder in seiner Bewegung, noch in seiner Persönlichkeit, die in jeder Bewegung sichtbar wurde. Ich saß im »Tres Islas«, dem großen Hotel im Norden von Fuerteventura, auf den kanarischen Inseln, als ich Bjørn Dunkerbeck zum ersten Mal begegnete. Ich erinnere mich noch ganz genau. Es war ein Moment, der Erkenntnis und Schock zugleich bedeutete. Die Art und Weise, wie Bjørn das Brett auf die Kante kippte, war einzigartig. Er war damals ein kleiner Junge von gerade mal zwölf Jahren und beherrschte sein Windsurfmaterial, wie ich es bis dahin eigentlich nur von Robby Naish gekannt hatte. Aber da war noch etwas. Wie locker und zugleich unglaublich zielsicher Bjørn durch die Brandung fuhr, zeugte von einer klaren und starken Persönlichkeit, die bei einem Zwölfjährigen sonst einfach nicht üblich ist. Er war eins mit dem Material, eins mit den Elementen und eins mit sich selbst. Er besaß dieses enorme Gefühl für die Kraft der Welle, für die Reaktionen des Brettes, für die Möglichkeiten des Segels, ohne eigentlich zu wissen, dass er all diese Fähigkeiten besaß.

Ich sollte Tage später mit gewöhnlichem Serienmaterial, wie es mein Vertrag bestimmte, 16. werden in dem Rennen, das als Pre-Worldcup in die Geschichte einging und den Auftakt für die Worldcupseries bedeutete. In diesem Moment war mir bereits klar, dass die top drei in diesem Sport bereits von der nächsten Generation beansprucht wurden. Wenn ein zwölfjähriger Junge so gut fuhr, dann war es Zeit, sich einen anderen Job zu suchen. In den folgenden Jahren traf ich Bjørn immer wieder. Wir freundeten uns schnell an, und kurz darauf sollte ich für die kommenden Jahre sein Begleiter und Mentor werden. Ich begleitete ihn bis zu seinen ersten spektakulären Erfolgen im Weltcup und produzierte für ihn den Film »El Niño – das Windsurfkind«.

Danach zog ich mich aus dem Profi-Windsurfsport zurück, gründete eine Familie, bekam zwei Söhne geschenkt, Luke und Joshua, begann eine Karriere als Managementtrainer und gründete die Agentur »archetype consulting group« (www.archetype.at). Während dieser Zeit betreute ich eine Reihe anderer Sportler, beobachtete aber die Karriere von Bjørn weiterhin mit großem Interesse und großer Anteilnahme. Ein engerer Kontakt zu Bjørn in den vergangenen Jahren führte dazu, dass wir uns entschieden, dieses Buch gemeinsam zu schreiben.

WIE DAS BUCH ENTSTAND

Mit einem guten gemeinsamen Freund, Chris Jung, sind Bjørn und ich mehr als 700 Fragen durchgegangen. Viele Tage hat Bjørn sich für dieses Buch Zeit genommen, um in langen Interviews die Fragen zu seiner Surftechnik zu beantworten, um seinen Lieblingsrevieren nachzuforschen und um Hintergründe und Erfahrungen zu erzählen, die er in den gewaltigen Wellen von Jaws für lebensnotwendig hält. Bjørn erklärte, was Profis von Amateuren unterscheidet, wenn sie am hawaiianischen Spitzen-Surfstrand Ho'okipa hinausgehen, er berichtete von seinem Harpunenunfall und beschrieb die Besonderheiten der fantastischen Surfreviere, die er bei seinen Reisen unter dem Titel »The Search« aufgesucht hatte.

Fun-Fight von Bjørn Dunkerbeck und Wolfgang Bernhard Mitte der 80er-Jahre

Zu all diesen Fragen bekam ich von Bjørn klare Antworten. Ich habe mich daraufhin entschieden, keine Geschichte um diese Antworten herum zu bauen oder eine aufwendig erzählte Biografie zu gestalten. Die Antworten stehen für sich selbst, und wenn irgendjemand auf Bjørn zugehen und dieselben Fragen stellen würde, bekäme er dieselben Antworten bekommen. Sein Umgang mit Menschen ist genauso geradlinig wie sein Surfstil.

Nur im vierten Kapitel habe ich dieses Muster verändert, »El Niño«, das Windsurfkind. In diesem Teil über Bjørns Kindheit und Jugend habe ich sehr viel mehr von seinen Freunden und von Ulla, seiner Mutter, über ihn erfahren können. Alles andere wurde so wenig als möglich bearbeitet, um den Originalton von Bjørn zu erhalten.

Viel Spaß mit Bjørn Dunkerbeck!

Wolfgang Bernhard

FRAGEN-RAP 1

Siegeswille und Wettkampftyp? Ich bin schon immer ein Wettkampftyp gewesen. Wenn man so jung beginnt, Wettkämpfe zu fahren, wie ich das gemacht habe, fährt man nicht mit, um mitzufahren, sondern um zu gewinnen.

Langeweile? Kenn ich nicht. Meine Mutter hat immer gesagt, nur dumme Leute langweilen sich. Ich bin einfach ein aktiver Mensch, und ich habe immer irgendetwas zu tun. Ich sitz nicht rum, schau mir die Wolken an und wundere mich. Wenn ich nicht windsurfe, dann bin ich entweder auf dem Berg, bin biken oder im Gym, oder es gibt 10 000 Sachen zu Hause, die noch nicht erledigt sind. Ich spiele mit den Kindern ein paar Stunden, gehe mit der Family essen. Ich bin einer von denen, der gerne einen 30-Stunden-Tag hätte.

Riskierst du mehr, wenn mehr Menschen am Strand stehen und dir zusehen? Nein. Ich mache das Beste aus den Bedingungen, die vorherrschen. Ich versuche immer, eine gute Show abzuliefern. Und das möglichst besser als der Konkurrent, der im Moment gegen mich fährt. Mehr nicht.

Schneller, höher, radikaler? Ich versuche immer, noch schneller zu fahren, noch höher zu springen oder noch radikaler abzureiten. Es gibt kein Limit, bei dem du gut genug bist oder nicht mehr dazulernst. Ich windsurfe jetzt schon seit 28 Jahren, und ich lerne immer noch dazu.

Aberglauben? Null Aberglaube. Gut essen, gut vorbereiten, gut präpariert sein, klarer Kopf.

Motivationssätze? Ich rede nicht mit mir selbst. Ich bin ein Macher, kein Redner.

Mentaltraining? Hab ich noch nie gemacht.

Konzentration? Ich kann mich relativ gut konzentrieren. Ich brauche meine Zeit, eine halbe, drei viertel Stunden vor dem Contest. Da habe ich keine Lust mehr, mit irgendjemandem zu reden. Ich konzentriere mich auf das, was ich mache, auf mein Material, auf die Bedingungen, auf mich selbst, auf den Contest.

Ist dein Image designed? Ich denke, viele haben viel gemacht, um mich darzustellen, wie ich nicht bin. Ich versuche, mich einfach nur so darzustellen, wie ich eben bin. Ich bin ein positiver Mensch und versuche, Windsurfen so zu präsentieren, wie der Sport ist. Das heißt, der Wahnsinnssport schlechthin.

Maskottchen? Ich habe immer ein paar Kleinigkeiten von den Kindern dabei. Aber das sind keine Maskottchen, sondern eher Glücksbringer.

Fotos der Kinder in der Geldbörse? Ich habe keine Geldbörse. Geld stecke ich meistens in die Hosentasche, weil es sonst verloren gehen kann oder geklaut wird.

Was hast du gerade eben sonst noch einstecken? Autoschlüssel, Führerschein und Handy. Meine Form von einem Office.

Mode? Ich trage meine Beach-Trousers, bis sie nicht mehr passen, dann schmeiße ich sie weg.

Frisur? An meinem 30. Geburtstag waren wir bei meiner Mutter im Restaurant, an die 40 bis 50 Leute, direkt nach dem Contest in Pozo. Meine Haare waren schön lang. Nach dem Essen ging es dann rund, und dann kam das Thema darauf, dass es doch Zeit wäre, meine Haare wieder einmal zu verändern. Dann hab ich all meine Freunde ein Stück abschneiden lassen, und den Rest haben sie mir dann auch noch glatt rasiert. Mit der Glatze bin ich dann ein paar Monate lang rumgelaufen. Normalerweise schneide ich meine Haare nur, wenn sie bis zu den Augen hinunterreichen. Ich bin nicht so einer, der lange vor dem Spiegel steht.

Rasieren? Das letzte Mal, als ich glatt rasiert war, war bei meiner Hochzeit vor vier Jahren. Seitdem trimm ich nur noch. Weil es praktischer ist. Und ein Sonnenschutz ist es auch. Und dann wächst alles wieder eine Woche nach, und dann wird wieder getrimmt. Zupp, zupp!

Hautcremes? Ich verwende fast nur Produkte, die einen großen Aloe-Anteil besitzen. Voller Sunblocker für alle möglichen UV-Strahlungen ist ohnedies Pflicht, Faktor 30 und mehr ist das Mindeste.

Neue Manöver lernen? Ich spiele ein neues Manöver im Kopf ein paar Mal durch. Dann geh ich hinaus, probier es aus, sehe: Aha, so war es nicht ideal, also ein bisschen anders, und dann klappt es irgendwann.

Ziele? Das Ziel hochzustecken, ist wichtig, sonst erreicht man es ja sofort.

Tagträume – kennst du so was überhaupt? Also, ich bin kein Tagträumer, aber ich kenne den Ausdruck.

Was ist dir wichtig? Ein guter Mensch zu sein. Das möchte ich auch bleiben. Wie meine Eltern. Mein Vater ist ein guter Mensch, meine Mutter ist ein guter Mensch. Und ich denke, dass ich das auch bleibe, mein ganzes Leben lang.

Positive Eigenschaften? Ich bin überhaupt nicht eifersüchtig. Ich gönne jedem alles. Dadurch wird man selbst noch stärker in dem, was man ist.

Negative Erfahrungen? Ich habe zu viel Eifersucht und zu viel Hinterhältigkeit erlebt, und ich weiß, dass das ganz sicher nicht mein Weg ist.

Wie bewegst du dich, wenn du neu ankommst in einem Revier? Sich Schritt für Schritt an alles heranzutasten, und alles mit ein bisschen Respekt zu behandeln, dann wird man auch angenommen. Nicht in der ersten Reihe parken, lieber in der dritten. Nicht auf »Ich bin jetzt hier« machen. Normal sein. Es gibt zwar überall Arschlöcher, aber es gibt auch überall gute Menschen, die so etwas schätzen. Wenn man das gemütlich angeht, dann wird man auch akzeptiert.

Kapitel 1

THE SEARCH:

BJØRNS SUCHE NACH DER PERFEKTEN WELLE

Es gibt keine Grenzen.
Es gibt nur zu wenig Zeit.

– Bjørn

GESCHICHTEN AM LAGERFEUER

Undenkbar eigentlich. Bjørn Dunkerbeck und Robby Naish, die großen Rivalen, die Könige des Windsurfens, vereint am Lagerfeuer. Ohne Termine, ohne die Teilnahme am Weltcupzirkus, ohne Sponsorenauftritte. Wochenlang unerreichbar für Journalisten, am Ufer eines für Surfer noch unbekannten Inselabschnitts, fernab gelegen in einem kaum bekannten Ozean. Unvorstellbar noch vor wenigen Jahren, in der Rushhour des Windsurfens, in einer Zeit, in der 100 000 Surfbretter über die Ladentheke gingen und die großen Rivalen Bjørn und Robby um den Titel des Overall-Weltmeisters kämpften. Und nun sitzen sie gemeinsam irgendwo im Niemandsland von Australien, am Ende einer ungeteerten Landstraße, fernab jeglicher Zivilisation. Bjørn, Robby und einige der größten Stars der Branche, konzentriert allein auf das Finden der nächsten perfekten Welle, des nächsten idealen Tages, des noch unbekannten Spots. Nicht mehr, nicht weniger und davon nie genug.

Nicht das Einzige, was auf Bjørns Search-Trips Verwunderung hervorruft: In Chile zum Beispiel können es die einheimischen Surfer kaum fassen, Bjørn wie aus dem Nichts heraus auftauchen zu sehen und gemeinsam mit ihm und seinen Freunden aufs Meer hinausgehen zu können, an einem Tag, an dem es nur wenig Wellen und kaum Wind hat. Und dennoch: Der große Star hat mächtig Spaß mitten unter ihnen.

Freundschaft – der Kern von The Search

Auf Sumatra, in Mantawai, können Bjørn und seine Freunde nur mit der »Titanic«, einem gemieteten Boot, die besten Surfplätze erreichen. Und auch dort ist Bjørn wieder in seinem Element. Nur seine besten Freunde sind bei ihm, Sugar, Keith, Gary, Campbell, Phil, Shelley, Futsi und Jason, und seine geliebten »Spielzeuge«, seine besten Waveboards, seine Taucherbrille, sein Schnorchel, Fischfanggeräte – und eine Tube Sonnencreme.

Auf Bali wechseln die Surfer dann ab zwischen idealen Surfrevieren und unheimlich netten Kaffeehäusern. Kurioserweise sind die Preise für Obstsalat, für eine Extraportion »special fried rice«, für die Aufbewahrung der Windsurfbretter über Nacht und für eine halbe Stunde Massage gleich hoch. Wie kommt das? Was hat sich verändert? Bjørns Freund, Tristan Boxford, erklärt dieses Phänomen folgendermaßen: »Ich denke, das alles reflektiert die Natur des Sports, wie er im Moment ist. Wir sind weggekommen vom reinen Wettbewerb, der etwas engstirnig geworden ist, und haben uns wieder auf den eigentlichen Lebensstil des Sports konzentriert: Spaß zu haben und die echte Definition des ›Freeriding‹ zu erleben. Surfen aus reinem Vergnügen.«

Genau das haben auch Bjørn and Robby getan. Und sie wollen, dass andere es ihnen nachmachen: an die abgelegenen Orte dieser Welt vorzudringen, das Windsurfen überall bekannt zu machen und Spaß zu haben. Die reine und ungestörte Freude am Windsurfen zelebrieren, sich abseits der Herausforderung des Siegens auf dem Wasser bewegen, sich auf das Wesentliche konzentrieren, vollkommen neue Plätze erkunden, mit einer Handvoll guter Freunde unterwegs sein, ideale Bedingungen finden. Und wenn es mal keinen Wind hat, einfach die schönsten Dinge des Lebens genießen: tauchen, fischen, auf einem Boot in eine unbekannte Bucht vordringen und abends unendlich lange am Lagerfeuer sitzen und reden, reden, reden.

Feel it, see it, follow it.
The Search.

DIE ROBINSON-CRUSOE-SEITE DES WINDSURFENS
Was genau ist The Search?

The Search ist freies Windsurfen bei guten Bedingungen mit guten Kumpels. Das hab ich schon immer gemacht und gemocht, ob man nun auf einer Insel ist und von der einen Seite auf die andere fährt, um einer guten Spot zu suchen, oder ob man mit dem Flugzeug irgendwo nach Fidschi, Tahiti, Indonesien, Australien oder sonst wohin fliegt. Oder auch nur, wenn man mit einem Boot an einen unbekannten Strand kommt, die Einstellung ist immer die gleiche. Es geht darum, neue Spots, möglichst ungefahrene Spots, mit möglichst perfekten Wellen und Windbedingungen zum Windsurfen zu finden. In den ersten Jahren war es schon ein Search, wenn wir auf der Insel Gran Canaria, auf Fuerteventura, Maui oder Oahu herumgefahren sind. In der Anfangszeit hatten wir genug Platz, um neue Spots zu finden. Logischerweise ist das seit mehr als zehn Jahren nicht mehr der Fall, weil man die Plätze auf diesen Inseln schon alle kennt, und dann muss man halt immer weiter und weiter weg.

In den vergangenen zehn Jahren habe ich versucht, ein bis zwei Searches im Jahr zu machen, mit einigen der Top-Windsurfer der Welt, einem guten Fotografen und manchmal auch mit einem guten Filmer. Ziel war immer die Motivation. Motivation für uns, Windsurfer für gute Windsurfer, die sich auf die Suche gemacht haben. Einfach die Motivation für den Sport. Ziel war es auch, eine gute Story zu bekommen, um diese im Fernsehen zu präsentieren, um den Sport

Ruhepause in kristallklarem Wasser

The Search: Bjørns Suche nach der perfekten Welle | 21

von einer anderen Seite als nur der reinen Wettkampfseite zu zeigen. Um den Lebensstil des Sports nahezubringen, die Robinson-Crusoe-Seite des Windsurfens: geheime Plätze aufsuchen, verborgene Buchten und Riffe aufspüren, mit verschiedenen Seekarten auf die Suche gehen, Orte finden, von denen man annimmt, dass Wind und Wellen gut hineinkommen müssten. Von manchen Plätzen haben wir gehört, ist uns erzählt worden, von irgendeinem, der schon mal dort war, oder von einem Fischer oder Seemann, der an solch einem Ort gesehen hat, dass sich hier und da riesige Wellen auftürmten. Und einige Plätze haben wir einfach ausprobiert, weil sie in der Passatwindzone lagen und weil sich dort ein paar Inseln befanden, die man mit dem Schiff anfahren konnte.

Besondere Momente

Es geht um die speziellen Momente, die du bei einem Search erlebst. Search-Momente sind etwas ganz Besonderes. Die gibt es immer wieder, sonst würde ich nicht mehr weitermachen. Da war etwa ein Tag in Fidschi, vor mittlerweile ca. acht Jahren. Es war an einem bekannten Surfbreak, der aber von Windsurfern bis dahin nicht gefahren worden war. Eine große Welle ist damals hereingekommen, die Ebbe war voll da, das Wasser ganz abgelaufen. Ebbe bedeutet an dem Spot, dass sich eine hohle Welle aufgebaut hat. Der Wind war relativ leicht, und ich riggte noch sehr spät auf. Wir waren sehr lange unterwegs gewesen an diesem Tag, sieben Stunden Flug, drei Stunden Autofahrt, dann wieder drei Stunden Bootsfahrt. Und wir sind gerade noch so eine Stunde vor Einbruch der Dunkelheit angekommen. Megahektik also beim Aufriggen, zusammen mit Scott Carville; wir haben es aber noch geschafft, ein paar große Wellen abzureiten. Du weißt nicht genau, wie und was da draußen los ist, aber die Zeit läuft, und du gehst raus. Dann kommst du oben an der ersten Wellenkante an, siehst hinunter und merkst, dass du auf einer Superwelle angekommen bist; eine Welle, die nicht nur bricht, sondern eine, bei der noch der Boden rausfällt. Das heißt, es saugt sich so viel Wasser an der Welle hoch, dass der untere Teil der Welle unterhalb des Meeresspiegels liegt, weil das Wasser von dort hochgezogen wurde. Beim ersten Drop hast du dann zuerst mal den Bauch zwischen den Rippen, irgendwo ganz oben drin, und der Magen ist auf Herzhöhe. Dann läuft die Welle unter dir relativ schnell. Du kannst also nicht lange zögern, sondern musst zusehen, dass du irgendwie von ihr wieder zum Kanal hinkommst, damit du auch wieder heil rauskommst aus dem Set. Aussehen wie ein Anfänger will man ja auch nicht, und das macht das Ganze schon spektakulär. Beim nächsten Turn spürst du die Welle schon besser. Und beim nächsten gehst du näher ran an den Peak, an den brechenden Punkt der Welle, und lässt dort den ersten Aerial raus. Das sind die Momente, für die wir auf The Search gehen.

Abenteuer oder Promotion?

Als ich die ersten Searches organisiert hatte, gab es die Idee der Promotion noch gar nicht. Ich hab es einfach nur für mich gemacht, weil ich wusste, dass niemand vorher dort windgesurft ist. Du weißt einfach, dass du keine 50 Surfer draußen vorfindest, und trotzdem bist du ganz bewusst nicht allein, sondern du bist draußen mit drei, vier anderen, die gemeinsam mit dir gekommen sind. Es ist ja auch schöner, wenn du so etwas mit jemandem teilen kannst. Und

Bjørns Besprechungszimmer

es ist alles andere als überfüllt. Du hast einfach das Gefühl, du bist der letzte Mensch auf der Erde an diesen Spots. Du siehst zwei, drei Tage keine anderen als die, die auf dem Boot mit dir gekommen sind, und du erlebst die Natur vollkommen anders.

Du lernst die Leute sehr viel besser kennen, wenn du mit ihnen gemeinsam isoliert bist, weit weg von der Außenwelt, irgendwo in einem Boot oder einem Wohnmobil. Du lernst deine Freunde so kennen, wie du sie vorher nicht gekannt hast. Jeder ist die ganze Zeit dabei, beim ganzen Programm von einem Search. Und dann weißt du eben: Es gibt die, die das wollen, und mit denen bist du auch unterwegs. Und die anderen sind nicht dabei. Du bist mit deinen Kumpels irgendwo unterwegs, und Sonne rauf bis Sonne runter ist Action angesagt. Zwischendurch kurz essen, 15 Minuten ein Nickerchen machen, sodass man wieder Energie hat, und dann geht's schon wieder volles Programm weiter: windsurfen, Wellen reiten, tauchen, irgendwo auf einen Gipfel hinauflaufen, einmal von oben kurz übers Land schauen und ab zur nächsten Action.

Die größte Überraschung

Fasziniert war ich immer wieder von der Verschiedenheit der Menschen und von der Einfachheit und Klarheit, in der viele Menschen leben. Da denkst du oft, du bist in einem Geschichtsbuch aufgetaucht und hast eine Seite aufgeschlagen, die 2 000 Jahre zurückliegt. In Fidschi war das am allerdeutlichsten zu spüren, zum Teil auch in Tahiti und an den abgelegenen Plätzen in Afrika.

Das Material

Bei The Search habe ich normalerweise zwei Bretter dabei und so vier, fünf Finnen, drei Masten und drei, vier Segel, und das war's dann. So viel braucht man eigentlich nicht, aber es gibt da meistens auch keinen Surfshop, in dem du irgendwo was holen kannst. Im Prinzip brauchst du ein Segel, zwei Masten, zwei Finnen und ein Brett. Aber wenn du schon ins Niemandsland fährst, musst du schon ein bisschen was dabei haben.

Die Teilnehmer

Es gibt im Schnitt 20 Kandidaten, die man anspricht, und von denen kommen 5 mit. Für einen Search brauchst du Leute, mit denen du gut auskommst, einige Kumpels und die bestmöglichen Surfer, die du kennst. Man nimmt die mit, von denen man denkt, dass man auf einer Wellenlänge ist und zusammenhalten kann. Wenn du ein oder zwei Wochen in einem Boot, einem Zeltlager oder einem Wohnmobil bist, musst du dir schon sicher sein. Mir ist es wichtig, dass die Jungs Spaß haben können und dass sie selbst motiviert sind. Und dass sie nicht 15 Stunden am Tag schlafen müssen, sondern eher 5, also aktive Leute.

Können auch »Normalsurfer« an einem Search-Trip teilnehmen?

Zum allerersten Mal haben wir 2006 gemeinsam mit North Sails auf der »Itoma«, einem Katamaran, eine Tour gemacht: mit fünf Journalisten von Windsurfmagazinen, einem der besten holländischen Shop-Eigentümer, einem Italiener, einem Franzosen und einem Berliner. Den Jungs hat's voll gefallen, klar. Alle waren sehr motiviert und haben sich prima verstanden. Natürlich haben sie nicht die gleiche Intensität wie der Dunki und seine fünf

Das ist kein Sprung vom Bus direkt ins Wasser!

anderen Weltcupwindsurfer. Wir haben halt einen anderen Druck drauf, weil wir es auch anders gewohnt sind. Aber die Jungs haben sich Mühe gegeben. Mit ihnen kannst du eben nur ein paar Stunden etwas machen und nicht den ganzen Tag Vollgas geben. Die fallen irgendwann auseinander. Für mich war es relativ gemütlich, obwohl wir viel gesurft sind. Aber drei bis vier Stunden waren die Jungs schon draußen am Tag, manche auch länger.

Ist The Search nur etwas für Männer?

Nein, aber jeder, der mitkommt, muss auch genug Selbstvertrauen haben und auf sich aufpassen können. Kindermädchen gibt's da keine.

WAS MUSS MAN BEI EINEM SEARCH BEACHTEN?

Man kann nie weit genug weg.
Man kann nie oft genug etwas Neues erleben.
- Bjørn

Neue Reviere entdecken

Wenn du wo hinkommst, wo du noch nie warst, dann setzt du dich erst mal hoch oben hin auf eine Kante und schaust ein bisschen zu, wie die Wellen brechen, wie die Strömung läuft, wo genau die Strömung hinläuft, sodass du dir ein Bild machen kannst.

Dabei gibt es sehr viele verschiedene Arten von Strömungen. In Riffgegenden gibt es meistens einen Kanal zwischen den Korallenriffen, der ein bisschen tiefer ist und in dem du wieder hinter die Welle kommst. Du folgst damit dem Wasserverlauf, da das Wasser selbst ja wieder abfließen muss, das von der Welle über das Riff hereingebracht wurde. Diese Kanäle, die sich das Wasser sucht und findet, kannst du auch nutzen, damit du wieder schneller und sicherer hinauskommst. Du stellst dich einfach in diese Strömung hinein. Normalerweise hast du auch keine Welle, die in diesem Kanal bricht, weil das Wasser tiefer ist, und damit kommst du schnell durch die Brandung und auch schnell wieder zum Peak zurück.

Du sitzt je nach Spot unterschiedlich lange. Du hältst Ausschau nach Untiefen, die du zuvor schon auf der Seekarte entdeckt hast, siehst nach, ob da ein Felsen ist, der ein bisschen zu nah an der Oberfläche liegt. Und wenn irgendmöglich, fragst du am Strand einen Local, einen Einheimischen, wo es Strömungen gibt und welche gefährlich sind.

Der einsamste Campingplatz der Welt

Upside down – die Welt steht Kopf

Die Welle erkunden und kennenlernen

Wenn du auf einem Search bist und einen neuen Spot erkundest, fährst du am besten nicht über die Grenzen hinaus. Besser ist es, ein paar Mal in Ruhe zu überlegen, was so abgeht da draußen, um dann mit Köpfchen unterwegs zu sein, wenn du rausgehst. Nicht zu lange draußen bleiben. Lieber eine kurze Session und nach etwa zehn Minuten noch mal hineinfahren, bevor es dich aufstellt. Dann noch mal in Ruhe überlegen, ob du beim zweiten Mal länger draußen bleiben willst oder nicht. Lieber kurz und konzentriert das Revier austesten, als eine aufs Maul zu kriegen.

Beim Hineinfahren in die Welle schaust du zuerst die Welle hoch, dann die Welle hinunter, und dann kannst du schon ungefähr einschätzen, ob sie sich biegt und wie sie sich biegt. Damit kennst du ihren Grundcharakter. Wenn du die Welle dann runterfährst, schaust du nur noch »down the line«, also den Wellenverlauf entlang, und siehst zu, dass du die Welle so gut wie möglich lesen kannst und das Beste daraus machst. Nach dem dritten oder vierten Mal weißt du, wie die Welle läuft. An guten Riffen laufen die Wellen jedes Mal ziemlich ähnlich ab. Wenn die Welle etwas größer wird, wird sie auch etwas anders brechen, aber bei der gleichen Welle, bei der gleichen Swell-Richtung läuft sie genauso ab, wie sie zuvor auch schon gelaufen ist.

Erste Manöver fahren

Wenn du einen neuen Spot erkundest, gehst du, wie gesagt, im ersten Turn nicht aufs Ganze, du springst keinen Aerial beim ersten Manöver über die Welle hinaus. Wenn du das machst und nicht gut landest, dann ist alles weg. Der erste Ritt ist eigentlich ein Erkundungsritt. Einen schönen Carve reinziehen und damit die Welle runterkommen. Du schaust nach, wie viel Druck die Welle hat, wie sauber sie wirklich ist, und nach zwei, drei Schwüngen geht man auf die Lippe zu.

Bei neuen Spots dauert es meist drei bis vier Wellen, bis du ungefähr weißt, wo die Untiefen sind, wo die Welle genau bricht, wie viel Power die Welle hat. Da weiß man, wie hoch der Speed ist, mit dem man die Welle raufkommt, wie steil sie wirklich ist und mit wie viel Risiko man in sie hineingehen kann, ohne dass es einen gleich zerlegt.

Lieber sicher als cool

Wenn du auf einem Search bist, irgendwo im Niemandsland, nimmst du dir lieber 10 oder 15 Wellen, bevor du etwas mehr riskierst und dir dabei das Material zerstörst. Es gibt auch die anderen, die denken, sie sind die Obercoolsten, die haut es gleich bei der ersten Welle aufs Maul. Die sind dann am Nachmittag nur 1 Welle gefahren, und ich bin 40 gefahren. Und wenn ich nur zwei Stunden Zeit habe, bin ich eher so einer, der sich zurückhält am Anfang, damit ich wenigstens das Gefühl habe, ich hab den Spot kennengelernt, ich hab etwas getan, war draußen, hab den Tag genossen. So nach einer Stunde ist es mir dann gleichgültig, ob ich etwas am Material zerstöre oder nicht, und dann wird das Risiko immer größer. Aber ich möchte erst mal ein paar Wellen gefahren sein, erst etwas vom Tag genossen haben.

Mit Robby und Anders beim »Heizen« - Speedchallenge

Das Wasser lesen

Es gibt sicherlich viele, die das Wasser gut lesen können. Bei mir ist es so, dass ich mit dem Meer aufgewachsen bin. Ich schau halt raus und weiß ungefähr, was los ist. Ob es schwierigere Bedingungen sind oder einfachere Bedingungen, ob es Strömungen gibt oder nicht. Ich sehe, ob die Welle sauber ist, wie sich die Windwelle zum Swell verhält, ob der Swell mit viel Schub oder wenig Schub hereinkommt. Da entscheide ich dann je nach Windrichtung, mit welcher Brettgröße, mit welcher Segelgröße, mit welcher Finnengröße ich fahre, um das Optimale

Surfergruß - Hang Loose

zurückzubekommen – in jeder Situation. Wenn du gute Glattwasserbedingungen vorfindest, fährst du mit einem kleineren Brett, einer kleineren Finne und einem größeren Segel. Große Wellen mit ablandigem Wind fährst du mit einem relativ großen Brett, damit du rauskommst, und einer relativ großen Finne, damit du in die Welle reinkommst, dafür aber mit einem kleinen Segel, weil du auf der Welle so schnell wirst, dass du das kompensieren musst. Denn am Wellenhang ist doppelt so viel Wind wie am Strand. Und genau umgekehrt ist es, wenn der Wind auflandig ist. Da hast du in der Welle viel weniger Wind und machst in der Materialwahl einfach alles umgekehrt.

Ich hab ja Tausende von Stunden in meiner Kindheit im und am Wasser verbracht, und da weißt du natürlich, was für ein Segel oder was für ein Brett du nehmen sollst, wenn die Bedingungen so und so sind. Ich bin 13-mal um den Globus geflogen in den letzten 20 Jahren, wenn nicht sogar 50-mal, und unter 100 verschiedenen Bedingungen gefahren; da lernt man jedes Mal etwas dazu.

Wie stürzt man im Surf über einer Korallenbank, und wie behandelt man die Wunden?

Wenn du über einem Korallenriff stürzt, dann bloß nicht mit dem Kopf voran. Am besten wäre es natürlich, wenn du versuchst, die Hände vor den Kopf zu bringen, sodass du dir wenigstens nur die Hände aufschneidest und nicht den Schädel. Und nicht versuchen, zu tief einzutauchen. Wenn du zwei, drei Meter Wellenhöhe hast, dann hast du meist nur einen bis eineinhalb Meter Wassertiefe unter dir. Wenn du da einen Kopfsprung machst, steckst du zwischen den Korallen.

Korallenwunden sind schlimm. Du musst die Wunde sofort mit Limone schön auswaschen, damit die Koralle stirbt, denn sonst wächst die Koralle weiter – und zwar in dir, und das gibt dann zu 100 Prozent eine Blutvergiftung. Die will man ja vermeiden. Wenn du dann irgendwo weitab unterwegs bist, möglicherweise 15 Stunden mit dem Boot fahren müsstest, um wieder zur Hauptinsel zu gelangen, dann ist es besser, man schneidet sich nicht an Korallen.

In irgendeiner Form hat natürlich jeder seine Schnittwunden. Zukleben musst du die Wunde nur dann, wenn sie tief ist. Aber ganz wichtig: immer schön Limone drauf, jeden Tag, wirklich jeden Tag. Das brennt zwar wie die Hölle, aber du kriegst keine Blutvergiftung. Da hilft auch kein Jod und kein Alkohol, nichts. Limone oder das Zeug von den Eingeborenen, das die Korallen auch tötet.

Umgang mit Einheimischen

Wo wenige Leute surfen, gibt's auch keinen »localism«. Wenn dich dein Search an einsame Strände führt, hast du damit kein Problem. Wenn du nach Hawaii, Australien oder Indonesien gehst, wo es Tausende von Surfern gibt, wird der Kampf um den Peak größer und dementsprechend aggressiver. Am schlimmsten ist es sicher in Kalifornien, auf Hawaii, in Australien und Indonesien. Da sind einfach massenweise Surfer. Und da gibt's täglich Streitereien.

Ich halt mich da gerne raus. Man muss es ja nicht unbedingt provozieren. Wenn man denen respektvoll entgegentritt, kriegt man auch Respekt zurück. Wenn man gleich den großen Max raushängen lässt und meint, das sei sein Spot hier, kriegt man das genauso zurück. Augen auf und die Regeln auf dem Wasser respektieren, die beim Wellenreiten und Windsurfen gelten! Sonst kriegst du relativ schnell Wasserverbot. Und eins auf die Nase sowieso.

Auf Hawaii hab ich das immer wieder beobachtet und in Australien auch. Aufgeschnittene Autoreifen hab ich schon oft erlebt, wenn sich ein paar Jungs nicht entsprechend verhalten haben. Sie bekommen zuerst eins auf die Nase, dann wird ihr Material zerstört, die Einwohner zerbrechen ihre Bretter, und dann können sie weiterziehen und sehen, dass sie sich rasch einen anderen Spot suchen. Das ist aber der Extremfall.

Kapitel 2

ZEHN SEARCH-REVIERE

FIDSCHI

Hauptstadt:
Suva auf der Insel Viti Levu

Amtssprachen:
Fidschi, Englisch, Hindustani

Währung:
Fidschi-Dollar (FJD)

Surf-Infos
In allen Jahreszeiten dominiert der Passatwind die Inseln. Die Windstärke bleibt allerdings moderat. In der Sommerzeit (November bis April) können tropische Wirbelstürme (Zyklone) für sehr starken Wind sorgen. In den Wintermonaten von Mai bis Oktober herrschen hingegen beständige Südostwinde vor.

Die ursprüngliche Idee, Fidschi zu besuchen, kam von Scott Carvill, dem erfahrenen Worldcup-fahrer. Und so beginnt ein Leben auf dem Boot. Die »Bega Princess«, ein 65 Fuß langes Schiff, wird für die Wochen zwischen den Inselaufenthalten die Heimat der Windsurfer. Kapitän Charlie, weder Windsurfer noch Surfer, versichert, dass sie ideale Bedingungen vorfinden werden. Und das tun sie auch. Doch zuerst einmal finden sie ein Paradies. Auf ihrem Weg zu den perfekten Spots gleiten sie vorbei an kleinen Hütten, die den Strand säumen, und vorbei an Fischern, die sowohl morgens als auch abends ihre Zeit auf dem Wasser verbringen, tagsüber Kokosnüsse von den Bäumen schlagen, Papayas aufsammeln und die Supermärkte nur von Bildern kennen. Kitschiger geht es wohl kaum. Tag für Tag wird klarer, wie umfassend und groß die Inselgruppe von Fidschi ist. Doch die Gruppe um Bjørn konzentriert sich auf eine einzige Insel, auf Kadavu (von den Einwohnern Fidschis »Kendavu« ausgesprochen), und dort wiederum auf einen dem Wind und den Wellen direkt ausgesetzten Punkt der Insel. Unter klarem Sternenhimmel werfen sie Anker in einer abgelegenen Bucht und lassen ihre Körper zum Mondscheinschwimmen in die Wellen fallen. Alles ist so unglaublich friedlich, dass sie wünschten, die Zeit anhalten zu können. Tags darauf finden sie im Süden der Insel einen Spot, der sie an einen kurz zuvor gesehenen Film erinnert: King Kong. Die Einheimischen bestätigen ihre Vermutung. Es ist exakt die Bucht, in der gedreht wurde. Doch wichtiger als diese Tatsache ist, dass Bjørn und seine Freunde eine schmale Passage finden, die das Riff durchbricht und zu beiden Seiten perfekte, drei Fuß hohe Wellen auflaufen lässt. Zum ersten Mal kehren sie Stunden später mit schweren Armen auf das Boot zurück, absolut leer gepumpt und überglücklich. Fidschi: A windsurfer's paradise!

Gewisse Dinge sind jedoch auf Fidschi sehr wichtig und sollten auch respektiert werden. Die Bewohner von Fidschi sind zwar durchaus erfreut darüber, den Gästen ihre Wellen zeigen und sie auf einen Ritt einladen zu dürfen, aber eine bestimmte Form von Höflichkeit wird erwartet und darf auch nicht missachtet werden. Die Gruppe, allen voran Bjørn, erweist den Ältesten der Dörfer immer wieder ihren Respekt; regelmäßig paddeln sie an Land, um abends Cava zu trinken und in den Hütten ihre Zeit zu verbringen.

»Auf Fidschi wurden wir auf Kadavu ins Dorf eingeladen und mussten erst mal mit dem Häuptling Cava trinken, damit wir auf seinem Riff auch windsurfen und wellenreiten durften. Das dauerte ein paar Stunden. ›Bula Bula‹ heißt ›Willkommen‹ auf Fidschianisch. Und es ging ›Bula Bula‹, zwei Stunden lang. Mehr haben wir nicht verstanden. Aber die Menschen waren sehr, sehr freundlich, sie wollten uns wirklich kennenlernen.«

Cava ist eine Wurzelpflanze, deren Geschmack an Ginger Ale erinnert, und ihre Wirkung ist leicht halluzinativ. Das Vergnügen, dieses Getränk zu trinken, hält sich allerdings in Grenzen. Was hingegen wirklich berauschend ist, ist die Landschaft unter und auch über Wasser, die die Surfer auf Fidschi erleben. The Search in a dreamland.

»Fidschi ist wie im Bilderbuch. Jeder Tag ist wie ein Traum. Die Wassertemperatur beträgt 28 bis 30 Grad. Das ist so warm, dass am Surfboard sogar das Wachs schmilzt. Am besten du stehst zwischen fünf Uhr dreißig und sechs Uhr auf, gehst ein bis zwei Stunden wellenreiten, dann frühstücken, dann gibst du dir noch etwas Zeit, und dann geht's ab zum Windsurfen. Die Passatwinde sind nicht so stark wie auf den Kanarischen Inseln, aber bei gutem Wetter blasen sie eigentlich jeden Tag. Die Wellen sind sehr sauber, laden zum Spielen ein, und man braucht nicht so sehr aufzupassen wie etwa in Jaws, sondern kann ganz anders rangehen. Das ist wie eine riesige Spielwiese. Aufpassen musst du aber schon, weil überall Korallen sind. Den Meeresboden beim Stürzen zu berühren, ist nicht angesagt. Wenn du den Grund triffst, kann das schon kritisch werden.«

WESTERN AUSTRALIA

Hauptstadt:
Perth

Amtssprache:
Englisch

Währung:
Australischer Dollar (AUD)

Surf-Infos

Perth ist eine Metropole des Segel- und Wassersports. In Küstennähe weht nachmittags eine kräftige Brise, der sogenannte Fremantle Doctor.

Bjørn und Robby hatten es gewollt. Schon lange. Die endlosen Outbacks zu erkunden, die Regionen, fernab jeglicher Zivilsation. Spots in Australien, die keiner je zuvor ausprobiert hat. Auf dem Rücken eines 4 x 4-Toyota-Landcruisers und mit guten Freunden zwischen den Gepäckstücken geht es endlos lang in Richtung Norden. 13 erbarmungslose Stunden auf Beton und zwei unerträgliche Stunden auf Geröll. Die beachtliche Brandung mit ablandigem Gischt-Szenario, die sie am Ende der Fahrt linker Hand sehen, streicht den Höllentrip sofort aus ihrem Gedächtnis. Minuten nach der Ankunft sind die Jungs schon draußen auf dem Wasser. Die rasch laufende, hart brechende Welle über dem nahezu trockenliegenden Riff darunter lässt aufregend lange Ritte zu. Erst später beziehen sie den kargen Zeltplatz mit seiner kaum nennenswerten Infrastruktur: zwei Motorhomes, zwei Zelte, ein Lagerfeuer. Alles ist schnell hergerichtet, rechtzeitig bevor die Nacht hereinbricht, die in Australien im August erbärmlich kalt werden kann. Robby gewöhnt sich nur langsam an das »camping thing«. Dreck und sanitäre Bescheidenheit sind nicht so ganz das Seine. Dafür entschädigen ihn nicht einmal die Spezialitäten, die mit der Harpune an Land gebracht werden. Robby ernährt sich vor allem von Cookies und Peanutbutter. Abends am Lagerfeuer ist er aber wieder voll dabei und gibt sein ungeahntes Feuertanztalent zum Besten.

Etliche Tage mit mäßigem Wind halten die Freunde von ihren Boards fern; stattdessen gehen sie immer wieder zum Harpunenfischen hinaus. Im Wettkampf um die größte Beute läuft das Match zwischen Bjørn und Scott auf vollen Touren. Ein Wellenset, das über Bjørn hinweggeht, bereitet dem Spiel jedoch ein dramatisches Ende. Bjørn harpuniert sich selbst, schießt sich den Haken durch seinen Fuß.

Ohne Bjørn ist das Camp nun irgendwie unwirklich. Die Sorge um den Freund lässt die Laune sinken. Tags darauf kommt der Wind zurück, so als wolle er dem Weltmeister sagen: Komm bald wieder! Die Welle läuft makellos, bricht endlos über dem flachen Riff. Ein perfekter Tag folgt dem anderen. Die Tagebücher füllen sich mit Erinnerungen an die Sets und mit Gedanken an den Freund. Blut und zerstörtes Material werden zur Sprache, die die Surfer mit ihren Ritten immer wieder in die Brandung schreiben. Die scharfen Kanten des Riffs zeichnen alle, keiner bleibt unverletzt. Tristan lässt eine Finne am Riff, ebenso die Erinnerung an einen massiven

Einschnitt im Fuß. Robby reißt sich den Boden vom Brett, Scott McKercher ein Stück aus seinem Rücken. Das Betaisodone-Desinfektionsmittel wird wertvoll wie Goldstaub.

»Western Australia ist riesengroß. Die Wellen sind relativ gemütlich. Und man verbringt viel Zeit im Auto. Auf der Straße ist es besser, gut aufzupassen, damit man nicht schon ein Känguru-Opfer wird, bevor man den Strand erreicht hat. Nachts im Busch auszutreten, ist auch nicht so angesagt, denn es gibt viele Schlangen. Wenn man auf eine tritt, ist die Chance relativ hoch, dass man gebissen wird und ziemlich rasch hinüber ist. Es gibt so ungefähr alle Spinnen und alle Schlangen, die nur irgendwie Gift haben, und alles andere Drum und Dran, vom Steinfisch bis zur Qualle, vom Hai bis zur harmlosen Schildkröte. Man muss da wirklich aufpassen, wenn man draußen unterwegs ist. Man sollte also nicht zu viel Blödsinn machen. Mit Slippers an den Füßen durch kniehohes Gras zum Strand zu gehen, ist auch nicht gerade ratsam. Schlangen sind praktisch überall, die siehst du jeden Tag, und das sind keine ungiftigen, die haben ganz schön Power. Australien liegt auf der Südhalbkugel, und deshalb haben die in unserem Winter eben Sommer. Das Timing muss aber trotzdem genau stimmen, damit man Wind und Welle zusammen erwischt. Das bedeutet, dass Frühling und Herbst fürs Windsurfen die besten Zeiten sind. Ich war schon rund fünfmal in Australien. Der Search-Trip hat uns an die Nordwestküste von Australien geführt, an der man zweieinhalb Stunden vom nächsten Dorf entfernt ist. Da hast du nur noch das, was du selbst mitgebracht hast. Und wenn du irgendwas vergessen hast, hast du locker einen ganzen Tag verschenkt. Leider habe ich mir nach ein paar Tagen in den Fuß geschossen. Da war ich vier, fünf Tage oben, habe drei, vier Windsurfsessions mit relativ mäßigem Wind erlebt, eine Wellenreitsession, und dann war ich schon wieder weg. War eindeutig zu kurz für meinen Geschmack.«

BALI

Hauptstadt:
Denpasar

Amtssprachen:
Balinesisch, Indonesisch

Währung:
Indonesische Rupiah (Rp)

Surf-Infos

Die besten Plätze sind Kuta und Uluwatu. Kuta ist am bekanntesten. Infolgedessen ist es dort auch oft regelrecht überfüllt. Die Wellen sind in der Trockenzeit (von April bis Oktober) oft recht klein, aber durchaus geeignet. Surfen in Kuta ist jedoch wegen der starken Unterströmungen nicht ganz ungefährlich. Uluwatu ist weniger bekannt. Der Strand liegt unterhalb des bekannten Uluwatu-Tempels, der auf 60 Meter hohen Kalkfelsen erbaut wurde. Die Wellen in Uluwatu sind sehr hoch und für gute bis sehr gute Surfer geeignet. Uluwatu gilt als einer der schwierigsten Surfplätze der Welt. Außer diesen beiden Orten gibt es auf Bukit, der südlichen, Bali vorgelagerten Halbinsel, noch einige andere klassische und gute Strände wie Padang Padang oder Dreamland.

Bali ist nicht gerade bekannt als Starkwindrevier. Warum also Bali? Bjørn und Tristan, die alle großen Search-Trips angezettelt, aufgegriffen und als Chance genutzt haben, die jedem Trip begeistert zugestimmt haben, die immer mit an Bord waren, wenn es wieder einmal so weit war, die Koffer zu packen, um den nächsten Search zu starten, wissen es bei Bali auch nicht so genau. »Wollt ihr surfen gehen und eine Pause vom Windsurfen machen?«, ist die Frage, die sie am häufigsten zu hören bekommen.

»Nein«, antworten sie, »wir gehen zum Windsurfen.« Vielleicht sollte man erwähnen, dass die beiden zuvor viele Wochen lang bei 60 Knoten Wind in Pozo gesurft waren und so etwas wie einen »Urlaub vom Schlachtfeld« anstrebten. Zumal auch der Wettbewerb auf Sylt bevorstand, Bjørn noch nie auf Bali gewesen ist und seine Freunde nichts mehr wollten, als endlich einmal Asien zu sehen und eine gänzlich andere Form von Meeresluft zu schnuppern.

Bali ist eine fast endlose Aufzählung berühmter Wellenreitspots. Uluwatu und Padang Padang sind die ersten, die Bjørn und seine Freunde aufsuchen. Die überhängenden Felsen, die endlos wiederkehrenden Passagen im Riff, die berühmte Wavespots erzeugen, die offene Art der Menschen. Bali zieht die Freunde sofort in ihren Bann.

Der Tempel von Uluwatu, einer der meistbesuchten der Insel, lässt die andere Dimension Balis lebendig werden: die spirituelle Seite der Insel, die das sanfte Wesen der Balinesen begründet, die Tiefe ihrer Seele, das verbindende Lachen voll kindlicher Offenheit.

Für die Freunde sind der Jetski und diverse Kleinlaster das verbindende Element ihrer Träume und Trips. Wie immer geht es früh hinaus, um fünf Uhr morgens klingelt der Wecker.

The Search ist nichts für Penner.
Action is the name of the game.

Zweieinhalb Stunden geht es in Richtung Norden nach Medewi, einem Spot, der ihnen vom Lokalmatador und Olympiateilnehmer Oka empfohlen wird. Zweieinhalb Stunden balinesischer Verkehrswahnsinn. Früh anzukommen macht sich aber bezahlt. Die Wellen sind extrem sauber, jeder Wellenhang spiegelt glasklar, und die drei sind fast allein. Nur der Wind lässt auf sich warten. Nachmittags noch einmal hinaus auf den Waveboards, dann zurück in den Süden. Jenseits des Betonwalls, der den Flughafen vor dem Meer schützt, fahren sie eine linksbrechende Welle, erreichbar nur mit dem Fischerboot. Der Wind reicht aus, um ein paar gediegene Aerials in die Wellen zu zeichnen. Die Fischer lieben die Farben der Segel, die Action, den Spaß – und die netten Einkünfte für den Boot-Trip hinaus zu den

Wellen, die sich mit den Jungs aus Europa erzielen lassen. Am Ende einer endlosen Straße, nein, am Ende eines endlosen Weges, der durch Reisfelder führt, gelangen sie nach Canggu: sanfter Sideshore-Wind, mannshohe Wellen. Dort war noch niemand, keiner hat je sein Windsurfboard zu Wasser gelassen. Bjørn und Tristan sind am Genuss-Anschlag ihres Surfbarometers angelangt. Canggu wird ihr persönlicher Traumplatz. Immer wieder kehren sie dorthin zurück. Und am Ende werden sie sogar Teil der Dorfgemeinschaft, sind bei den Zeremonien dabei, die in den Tempeln vollzogen werden. Ihre Tagebücher füllen sich mit immer neuen Wellen. Doch in ihrer Erinnerung bleibt noch viel mehr zurück: das Bewusstsein, wie großartig das Leben ist. Dankbarkeit. Eine besondere Form der Stille. Freude in jeder Pore. Das Wissen um die Großartigkeit des Lebens und die Aufgabe, daraus etwas zu machen und es wirklich zu genießen.

»Bali kennt eigentlich jeder, der jemals ein Windsurfbrett in der Hand gehabt hat. Die anderen Inseln in der Region sind nicht ganz so bekannt, weil sie auch ein bisschen schwieriger zu erreichen sind. Für sie musst du schon ein bisschen mehr Willen und Discovery-Feeling aufbringen. Auf Bali kannst du ganz gemütlich im Hotel wohnen. Wenn du allerdings auf den anderen Inseln surfen willst, musst du auf einem Schiff hausen, und das ist nicht jedermanns Sache. Bali ist eine sehr dicht bevölkerte Insel. Es gibt selten so wenig Platz an irgendeinem anderen Spot der Erde, so viele Leute, so viele Motorräder und so viele kleine Autos. Außerdem weißt du eigentlich nicht, in welche Richtung die Fahrtrichtung ist, weil jeder auf allen Seiten der Straße fährt. Da kommt dir der volle Gegenverkehr auf der eigenen Seite entgegen. Bis du da am Spot bist, kannst du mehr gefährliche Momente erleben als am Wasser draußen.

Dafür hat es massig Wellen auf Bali. Das Hervorragende ist, dass die Spots auf Bali nie überfüllt sind, weil es zehn hervorragende Spots gibt und sich die Surfer bestens verteilen. Du kannst sehr gut essen, sehr gut wellenreiten und absolut gut windsurfen.«

SUMATRA

Hauptstadt:
Medan

Amtssprache:
Bahasa Indonesia

Währung:
Indonesische Rupiah (Rp)

Surf-Infos

Die Mentawai-Inseln sind der Hauptspot für Windsurfer. Das Gebiet um die Insel Nias umfasst eine kleinere Gruppe von Inseln mit links und rechts ablaufenden Wellen. Nias ist relativ wenig besucht. Auf dem Weg nach Nias gibt es auch etwas niedrigere Wellen, die gut zum Einsteigen sind. Gleichzeitig kann man sich an die Riffe gewöhnen, die knapp unter der Wasseroberfläche liegen. Auf den Mentawais und auf Nias erwarten den Searcher dann acht bis zehn Fuß hohe Wellen.

Wieder auf dem Boot. Endlich. On »The Search« again. Boote sind einfach das ideale Mittel, um einen Search zu genießen. Durch die Auswahl der richtigen Crew ist der Lagerkoller ausgeschlossen. Action von frühmorgens bis weit nach Sonnenuntergang. Windsurfbretter, Schnorchel, Harpunen, Leinen, Surfboards, keine Pause und immer neue Punkte, die erreicht werden wollen. Sumatra, eigentlich als Surf-Destination und nicht als Windsurfplatz bekannt, will nicht erobert werden. Sumatra will angenommen werden. Sumatra kommt dem Windsurfer entgegen –

wenn es mag. Mit ungeahnt perfekten Wellen, die hinter einem Inselbogen urplötz-lich auftauchen, und mit dem Wind, der sich einstellt, als ob er den Besucher für die Art seines Kommens belohnen will, für den Geist der Naturverbundenheit, den er mitbringt. Fast jeder Spot ist jungfräulich. Kaum ein Ort, an dem nicht zum ersten Mal ein Windsurfer draußen ist, der nicht zum allerersten Mal von einem Aerial und einem Cut Back begrüßt wird. Und mehr als das. Keine Au-tos, keine Handys, eigentlich gar kein Lärm. Nur die Geräusche der Natur, das Rumoren der Wellen, das Rauschen des Windes. The Search at its best.

»*Auf Sumatra hat es wesentlich mehr Wind als auf Bali, aber du musst mit dem Boot unterwegs sein, da es auf Sumatra keine Straßen gibt, nur Wasserstraßen. Es ist dort alles entspannter und viel weniger stressig als auf Bali.*

Im Indischen Ozean sind die Wellen sehr sauber, weil in der Region weniger Wind ist. Zugleich liegen die Riffe sehr gut. Die guten Wellen entstehen oft im Windschatten der Insel, und die Riffe sind alle Korallenriffe. Die Wellen sind zwar nicht so groß wie auf Hawaii, aber es sind sehr saubere und sehr schöne Wel-len. Im Indischen Ozean kommen die Wellen zudem aus dem Süden und dieser Süd-Swell bringt generell auch weniger Wassermassen als der Nord-Swell mit. Der Indische Ozean hat ohnedies nicht so viel Power wie der Pazifik. Im Sommer entsteht der Süd-Swell durch Stürme im Süden, die Wellen kommen dann über den Äquator herüber und bauen den Süd-Swell auf. Deshalb fährst du am be-sten in den Sommermonaten nach Sumatra, also im Mai, Juni, Juli, August und im September. So bin ich auch auf den Spot gekommen. Ich hatte im August ei-nen Monat Zeit und wollte mir die Inseln ohnehin einmal anschauen. Inklusive der Zeit der Film- und Fotoproduktion, die wir auf Bali abgewickelt haben, waren wir insgesamt zwei Wochen auf Bali und Sumatra unterwegs – immer schön auf dem Boot.«

Zehn Search-Reviere | 43

CHILE

Hauptstadt:
Santiago de Chile

Amtssprache:
Spanisch

Währung:
Chilenischer Peso (CLP)

SURF-INFOS

Pichilemu, ca. 280 Kilometer von Santiago de Chile entfernt, ist der bekannteste Ort für Surfer. Windsurfer brauchen allerdings Geduld, bis der Wind stimmt. In der Region Maule, im Fischerörtchen Llico, dreht der Wind mit zunehmender See-Land-Thermik nachmittags mitunter richtig auf. Neopren ist Pflicht im wirklich kalten Wasser. Die Bedingungen sind hier stark wetterabhängig: Sonne, Wind, Küstennebel und Flaute wechseln rasch ab. La Serena wartet mit einem schönen Pointbreak auf. Ein Highlight ist Punta Topocalma, ein Spot mit sehr guter Welle. Die Welle läuft mit großer Perfektion ab und bricht sauber von links.

Südamerika hat Bjørn und seine Freunde schon seit langer Zeit in seinen Bann gezogen. Ein Land, herausfordernd, einzigartig, mit einer scheinbar unendlichen Küste, die unerforscht und kaum besurft ist. Das war es doch, worum es bei The Search ging. Und dann noch das Gerücht, dass in ganz Südamerika Chile das beste Land für Windsurfer sei. Wenn das nicht für einen Search reicht? Zudem schreiben sie gerade den 26. Januar, es ist kalt in Europa. Worauf warten? Let's go!

Diesmal sind Vidar Jensen, Bjørns Freund aus Schultagen, Vittorio, der Italiener, und natürlich Tristan mit dabei. Noch wissen sie nicht, wohin sie gehen sollen. Aber sie sind in Chile. Über ihnen kreisen Adler, vor ihnen liegen endlose Weinberge. Chile ist zweitgrößter Exporteur von Lachs. Rosige Aussichten. Bei Pichilemu erreichen sie das Meer. Dunkles Blau. Es muss kalt sein. Auch die Luft kühlt ab, je näher sie der Küste kommen. Perfekte, gerade Wellen laufen auf den Strand zu. Alles ist anders hier. Keine Palmen, keine türkisgrünen Lagunen, keine Korallenbänke. Schneebedeckte Berge steigen im Hintergrund auf. Karge Vegetation an dunklen Sandbänken, dramatische Felsformationen. Punta de Lobos ist der bekannteste Spot der Region. Die Freunde werden von den Einheimischen mit offenen Armen empfangen. Die Morgen beginnen dort spät, Dinner gibt es kaum vor zehn Uhr abends, Siesta zur Mittagszeit ist selbstverständlich. Alles läuft ruhiger als gewohnt. Die Freunde sind das Wichtigste. Chilling in Chile. Der Rhythmus wandelt sich. The Search hat begonnen. Wieder. Endlich.

Punta Topocalma, einer der besten Spots in Chile, wird angefahren. Die Einwohner sind auch hier fasziniert, wie der Champion mit ein paar Freunden aus dem Nichts heraus auftaucht, wie locker er auf die Jungs am Strand zugeht und wie

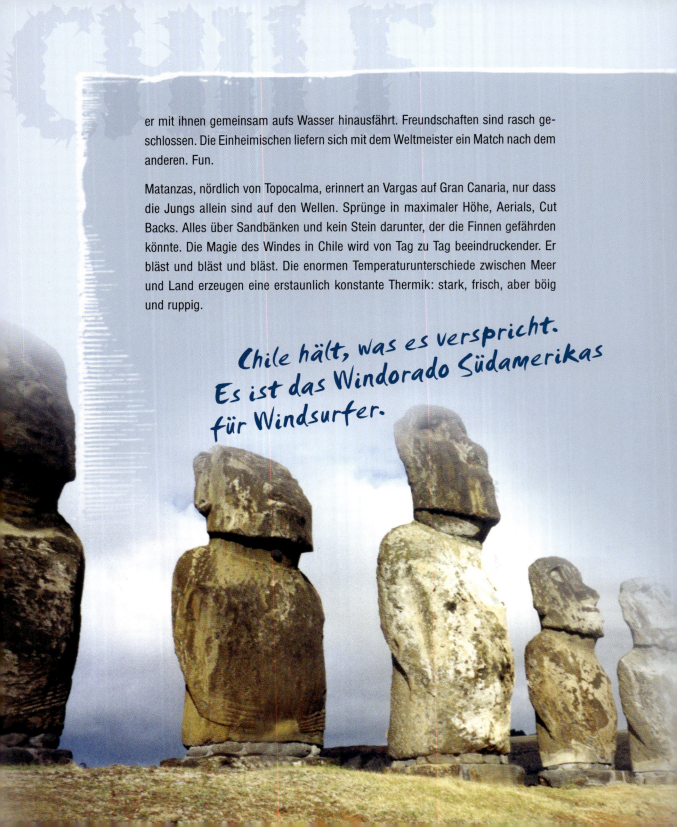

er mit ihnen gemeinsam aufs Wasser hinausfährt. Freundschaften sind rasch geschlossen. Die Einheimischen liefern sich mit dem Weltmeister ein Match nach dem anderen. Fun.

Matanzas, nördlich von Topocalma, erinnert an Vargas auf Gran Canaria, nur dass die Jungs allein sind auf den Wellen. Sprünge in maximaler Höhe, Aerials, Cut Backs. Alles über Sandbänken und kein Stein darunter, der die Finnen gefährden könnte. Die Magie des Windes in Chile wird von Tag zu Tag beeindruckender. Er bläst und bläst und bläst. Die enormen Temperaturunterschiede zwischen Meer und Land erzeugen eine erstaunlich konstante Thermik: stark, frisch, aber böig und ruppig.

Chile hält, was es verspricht. Es ist das Windorado Südamerikas für Windsurfer.

»Chile hat viele gute Bedingungen und sehr unterschiedliche Spots. Die Menschen sind angenehm und sehr friedlich. Wir sind insgesamt 3 500 Kilometer Schotterstraße gefahren und 1500 Kilometer Asphaltstraße. Wir waren knapp drei Wochen unterwegs, waren viel auf dem Wasser und haben umfangreich und ausgezeichnet gegessen. Wellenreiten haben wir ausgelassen, weil das Wasser mit zehn bis zwölf Grad dafür ein bisschen zu frisch war. Der Wind ist sehr konstant, und wir hatten jeden Tag Wind. Die Wellen waren zwischen ein und vier Meter hoch. Normalerweise sind die Wellen wesentlich größer, haben uns die Einwohner erzählt. Aber wir waren dennoch sehr zufrieden. Je nach Spot waren die Wellen sehr sauber. Sie besitzen nicht ganz so viel Power, weil sie meist Sandbreaks waren. Es gab aber auch ein paar Riffbreaks. Wir haben uns jeden Tag unser Abendessen verdient, im Wasser oder hinterm Lenkrad. Du kannst eigentlich stundenlang unterwegs sein und siehst keinen anderen Menschen. Ruhige Spots findest du immer. Bei 7 000 Kilometer Küste sind etwa 3 000 Kilometer windsurfbar. Dabei ist Chile das sicherste Land in Südamerika. Das Europa ähnlichste Land Südamerikas. In Ländern wie Brasilien, Peru und Kolumbien muss man schon ein bisschen mehr aufpassen. Da ist es besser, nichts mitzunehmen, was du nicht auch loswerden willst: Uhren, Schmuck, Geldbeutel sind dort also nicht angesagt.«

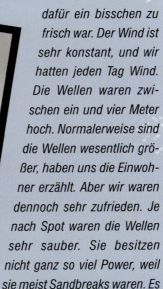

Zehn Search-Reviere | 47

BAJA CALIFORNIA

Hauptstadt:
Mexical (Baja California Norte), La Paz (Baja California Sur)

Amtssprache:
Spanisch

Währung:
Nuevo Peso (N$)

Surf-Infos

Die Stimmung in Baja California ist wesentlich entspannter als auf Hawaii. Die Strände sind weit weniger überfüllt. Das Wasser ist warm. Was fehlt, sind die Passatwinde. Baja hängt von thermischen lokalen Winden ab. Dementsprechend wechselhaft sind die Bedingungen. Der meiste Wind ist in den Wintermonaten zu erwarten, von Ende November bis Mitte Februar. Die unterschiedlichen Topografien erzeugen große Unterschiede von Spot zu Spot, auch wenn diese nur wenige Kilometer auseinanderliegen. Suchen macht sich also bezahlt.

Ein gutes Flachwasser-Revier ist in Bahía de La Ventana. Sprungreviere auf kleinen Wellen sind in Punta Chivato, Palmas de Cortez und Playa Hermosa.

»Baja California ist ähnlich wie Chile. Hier findest du sehr lange Wellen, eine der längsten Wellen überhaupt. Wenn der Swell aus der richtigen Richtung kommt, dann kann diese Welle bis zu drei Kilometer lang werden, das heißt, du kannst sie gar nicht ausfahren. Da reicht die Power nicht aus. Nach zehn Turns bist du so fertig, dass du einfach zum Peak zurückfährst. Einige der Wellen in Baja California bin ich trotzdem ausgefahren. Die Welle ist schnell, aber nicht superschnell. Ich hab mich ins Trapez eingehakt und bin sie bis unten rausgefahren – dann brauchst du 20 Minuten, bis du wieder zurück am Peak bist. Und das mit Gleitgeschwindigkeit Und alles mitten in der Wüste, wo du entweder in einem Camp oder auch in einem Hotel wohnen kannst.«

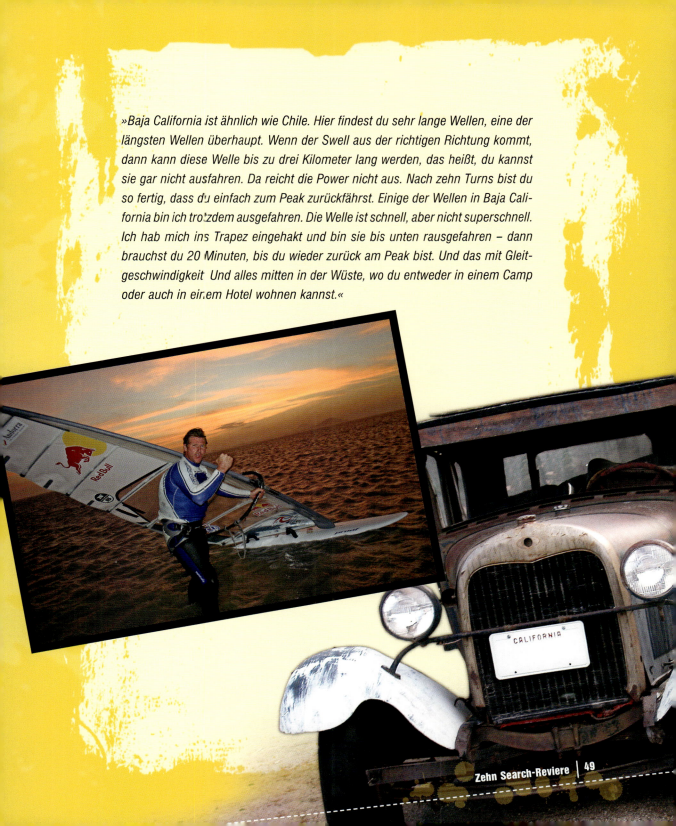

Zehn Search-Reviere | 49

TAHITI

Hauptstadt:
Papeete (Tahiti)

Amtssprache:
Französisch

Währung:
Pazifischer Franc (CFP)

Surf-Infos

Französisch-Polynesien, wozu die Insel Tahiti gehört, hat Meeresströmungen aus allen Richtungen, die das Surfen erleichtern. Die ideale Zeit zum Surfen (gemeint ist hier das Wellenreiten, nicht das Windsurfen!) ist von April bis Oktober. Auf Tahiti liegt auch der weltweit berühmte Surfspot: Teahupoo. Der meistbesuchte Spot ist Taapuna (zehn Kilometer von Tapeete entfernt, an der Westküste), eine Riffwelle. Das erforderliche Surfniveau ist hoch.

»Tahiti ist Teil einer Inselgruppe mit sehr vielen Inseln, deshalb bist du am besten mit dem Boot unterwegs, weil du auf der Straße einfach gar nichts erreichst. Die Riffe sind relativ weit draußen, du brauchst ganz einfach ein Boot, um alles genießen zu können. Es weht im Prinzip jeden Tag der Passatwind mit zwei bis vier Windstärken, und es gibt so viele Spots, dass es ganz gleich ist, wohin du fährst. Du suchst dir einfach den Spot aus, an dem die wenigsten Wellenreiter draußen sind.«

»In Teahupoo, dem berühmtesten Spot auf Tahiti, war ich selbst noch nicht draußen. Als wir dort waren, war der Spot noch nicht bekannt. Er hat eine sehr aggressive und große Welle, eigentlich nur für Tow-in befahrbar. Bei ganz kleinen Wellen kann man zwar reinpaddeln, aber der Spot ist eher durch Tow-in bekannt geworden.

Windsurfen in Teahupoo ist aber eigentlich ein absoluter Lacher, das bringt überhaupt nichts, außer einem Gag für eine Fotoshow. Teahupoo ist natürlich kein einfacher Spot. Aber das ist ja nicht der Punkt, weshalb man an einen guten Platz geht. Da gibt es andere Plätze auf Tahiti, die sehr viel schönere und längere Wellen haben und an denen Windsurfen wesentlich sinnvoller ist.«

Zehn Search-Reviere | 51

MAURITIUS

Hauptstadt:
Port Louis

Amtssprache:
Englisch

Währung:
Mauritianische Rupie (MUR)

Surf-Infos

Reviere zum Windsurfen befinden sich an der Nord- bis Nordostküste. Die Bedingungen sind relativ gut, wobei zu beachten ist, dass zumeist nur zwischen zwei bis vier Windstärken vorherrschen. Mehr als vier Windstärken sind eher selten, kurz vor oder nach einem Wirbelsturm aber durchaus auch für längere Zeit möglich.

»Mauritius liegt ebenfalls in der Passatzone und verfügt über relativ guten Wind. Es liegen fünf Spots nahe beieinander und bieten viele Variationen. Der Hauptspot One Eye ist eine wahnsinnig schnelle Welle und ist zum Windsurfen sehr gut geeignet. Die Welle ist so schnell und für einen Wellenreiter kaum mitzubekommen, aber der Windsurfer kann sie fast immer ausfahren. In Swell-Richtung musst du aber schnell sein. Du kannst zwar keinen Turn fahren, aber du kommst immer durch – fast immer. One Eye ist nicht zum Springen, sondern nur zum Aerialspringen und Abreiten. Links von diesem Spot gibt es ein paar Sprungreviere, drei, vier Spots direkt am selben Strand. Das Riff ist allerdings ziemlich weit draußen, 800 bis 900 Meter vom Strand entfernt. Ich hab mir erzählen lassen, dass in dieser Region viele Hai-Arten versammelt sind, habe damals aber keinen gesehen. In Mauritius kannst du wunderbar im Apartment wohnen, direkt am Strand. Du suchst dir einfach eine der fünf oder sechs Bungalow-Anlagen aus, die am Strand sind, und kannst dein Zeug einfach liegen lassen.«

Zehn Search-Reviere | 53

KANARISCHE INSELN

Einige Hauptstädte:
Puerto del Rosario (Fuerteventura),
Santa Cruz de Tenerife (Teneriffa),
Las Palmas (Gran Canaria), Arrecife (Lanzarote)

Amtssprache:
Spanisch

Währung:
Euro (EUR)

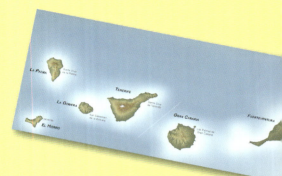

Surf-Infos

Die Playa de Sotavento, ein 25 Kilometer langer Sandstrand auf Fuerteventura, ist die bekannteste Starkwindzone der Kanaren, mit einer durchschnittlichen Windstärke von vier bis acht. Im Norden der Insel befinden sich die berühmten Wellenreviere Corralejo und Cotillo.

Auf Teneriffa ist El Médano der meistbesuchte Spot. Von dort aus geht es zum Search, um noch geheime Strände zu entdecken. Neben dem wohl berühmtesten Spot auf Gran Canaria, Pozo Izquierdo, liegen die besten Orte zum Surfen in dessen Umgebung: Mosca Point, Muellito, Playa del Inglés und Maspalomas.

»Zu Beginn haben wir auf den Kanaren die besten Plätze gesucht. Heute sind das die großen Standardspots, die jeder kennt. Aber in der Geschichte von The Search bilden sie so etwas wie den Ausgangspunkt. Auf den Kanaren passiert sehr viel mehr als an anderen Plätzen in Europa. Mittlerweile gibt's seit 17 Jahren Wettbewerbe auf Gran Canaria, Fuerteventura, Lanzarote und Teneriffa. Das ist sicher die größte Konzentration an bedeutenden Contests.

Einer der bekanntesten Spots im Windsurfen ist Pozo Izquierdo. Die Kanaren sind in der Segelwelt und in der Windsurfwelt durch diesen Spot bekannt geworden. Man braucht keine langen Erklärungen: Wenn man Pozo sagt, dann weiß jeder, was los ist. Da geht's ab!«

Zehn Search-Reviere | 55

KAP VERDE

Hauptstadt:
Praia

Amtssprachen:
Portugiesisch, Kreolisch

Währung:
Kap-Verde-Escudo (CVE)

Surf-Infos

Das Klima ist ähnlich wie auf den Kanarischen Inseln, ein sehr mildes und trockenes Klima, das vom Nordostpassat bestimmt wird. Im Winter verschiebt sich der Nordostpassat-Windgürtel nach Süden, in Richtung des Äquators, hin zu den Kapverdischen Inseln. Dementsprechend sind auch die besten Windmonate in der Zeit von November bis April, fast identisch übrigens mit der Swell-Zeit in dieser Zone. Der Passatwind an sich ist allerdings oft nur eher ein laues Lüftchen und braucht meistens etwas Unterstützung, entweder durch Berge und Täler, wie eben auf den Kanaren, oder durch eine gut funktionierende See-Land-Thermik, wie es auf den Kapverden der Fall ist. So kann man fast täglich bei fünf bis sechs Windstärken windsurfen. Die Windwahrscheinlichkeit liegt hier bei nahezu 90 Prozent.

Da die Kapverden inmitten des Atlantiks liegen, kommt es auch häufig vor, dass stärkere Tiefdruckgebiete über sie hinwegziehen. Die bringen zwar keinen Regen, dafür aber oft einen recht stabilen Wind mit. Falls der Passat im Einklang mit der Thermik also einmal nicht so richtig funktionieren sollte, dann hilft meistens ein Tiefdruckgebiet aus.

»Kap Verde ist noch relativ unberührt. Sehr ruhig, sehr schöne Wellen, sehr gute Qualität. Hier war ich nicht ganz so oft wie auf Hawaii, aber in den letzten vier bis fünf Jahren war ich sicher insgesamt sechs Monate auf den Kapverden gewesen. Der Passatwind kommt konstant herein. Du kannst auf den Kapverden sehr gut essen, sehr gesund essen und hast jeden Tag viel Wasserzeit – vom Sonnenaufgang bis zum Sonnenuntergang –, um herrlich müde zu werden.

Falls du am Wochenende da bist, kann es sein, dass 20 Portugiesen da sind und ein paar Franzosen. Aber die meiste Zeit sind wenige Surfer auf den Inseln. Es gibt schließlich 18 Inseln, das heißt, du hast mindestens fünf Spots, an denen es wirklich gut ist. Und das allein stellt schon sicher, dass es sich relativ leicht verdünnt.

Ich fahr gerne mit der Familie auf die Kapverden, mit Maria und den Kindern. Wir wohnen in einem Hotel, vorne am Steg in Santa Maria, und

Slalom- und Speedfahren kann man da gleich um die Ecke. Je nachdem, woher die Wellen gerade kommen, fährst du nach Punta Preta oder an die Nordküste, alles in 5 bis 25 Minuten erreichbar. Dann hast du unbegrenzt Wasserzeit, denn die Kapverden liegen auch in der Passatzone. Der Passat bläst dort nicht so stark wie auf den Kanaren, aber mindestens genauso oft.

Von Lissabon aus fliegst du etwa dreieinhalb Stunden, von München aus etwa sechs Stunden. Wenn du auf den Kanaren bist, kannst du einmal die Woche fliegen und brauchst 1 Stunde und 40 Minuten.

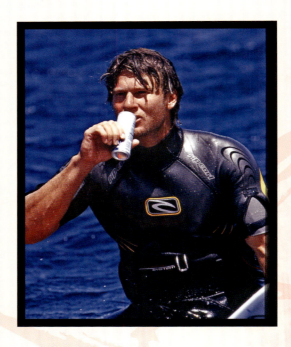

Die beste Zeit ist der Winter, wie auf den Kanarischen Inseln, also von Oktober bis April. Am liebsten bin ich auf der ›Itoma‹, einem großen Katamaran. Da hat man unbegrenzte Möglichkeiten, die idealen Spots aufzusuchen und auf andere Inseln zu wechseln, und dann bist du wirklich ganz allein.

In den letzten paar Jahren sind die Kapverden zu meinem Lieblingsplatz geworden. Hawaii ist seit einiger Zeit einfach zu überfüllt und nimmt einen großen Teil des Spaßes heraus. Jaws ist natürlich viel größer, und die großen Tage sind dort ganz speziell. Aber so ein Ho'okipa-Tag mit 50 Leuten auf dem Wasser ist nicht mehr so mein Ding, muss ich sagen.

»Wenn du eine gute Welle in Ho'okipa erwischst und endlich einmal allein auf ihr bist, dann liegen trotzdem noch drei vor dir im Wasser, die es auf der Vorwelle probiert haben. Und dann kommen dir noch zwei von irgendwoher entgegen. Da macht es mir auf den Kapverden mehr Spaß, wenn man fast allein auf dem Wasser ist oder eben nur mit zwei, drei Leuten.«

Kapitel 3

IM ZEITRAFFER:
30 JAHRE IN BJØRNS KARRIERE

1977 BIS 1986: »EL NIÑO«

1977: Bjørns Eltern beginnen, in Dänemark zu surfen. Das erste deutsche Surfmagazin erscheint. Bjørn ist acht Jahre alt, geht in Dänemark zur Schule und folgt seinen Eltern an den Strand. Die Dunkerbecks machen auf Gran Canaria ihren ersten Surfurlaub. Bjørn verbringt sein erstes Weihnachtsfest auf den spanischen Inseln vor Afrika. Sein Interesse für den Sport seiner Eltern wächst. Er probiert Windsurfen zum ersten Mal aus.

Start in Dänemark

1978: Im April übersiedeln die Dunkerbecks auf die Kanarischen Inseln. Im Sommer lernt Bjørn auf dem Flachwasser von Maspalomas das Windsurfen. Von diesem Moment an ist er täglich auf dem Wasser. Spaßregatten werden organisiert, und Bjørn ist dabei. Auf Hawaii werden die ersten Fußschlaufen auf Bretter montiert. Sprünge bis zu drei Meter Höhe werden möglich. Bjørn verschlingt die Surfmagazine.

1979: Bjørn ist mit großen Brettern unterwegs, weil es noch nicht viel anderes gab. Als »schönes Steh-Windsurfen« bezeichnet er es heute. Dann erreichen die ersten Boards mit Fußschlaufen die Kanarischen Inseln. Auf Hawaii werden die Schwerter gekürzt und die Doppelfinnen montiert. Die ersten Funboards entstehen. Bjørn bestreitet seine ersten Wettkämpfe.

Bjørn bestreitet seine ersten Wettkämpfe

1980: Bjørn fährt nun auf den Kanarischen Inseln beständig die Wettbewerbe in der Windsurferklasse mit. Er wird immer Juniorsieger. Arnaud de Rosnay überquert den Pazifik auf dem Surfbrett. Auf Hawaii springen die Jungs bis zu 15 Meter weit. Bjørn eifert ihnen nach, erreicht bereits selbst beachtliche Sprungweiten.

1981: Im Sommer springt Robby Naish am Gardasee mit einem zwei Meter langen Brett so hoch wie noch keiner zuvor. Ho'okipa auf Maui (Hawaii) wird das erste Mal gesurft. Bjørn hat unterdessen Pozo und Vargas für sich entdeckt und trainiert fast täglich im Starkwindbereich und unter den extremen Bedingungen, die der Passatwind vor Gran Canaria erzeugt.

1982: Die Mistral-WM findet auf Gran Canaria statt. Robby Naish und die anderen Spitzenfahrer sind in Pozo das erste Mal draußen. Bjørn fährt zwischen ihnen seine Haken und Bögen. Noch immer ist er ein ganz kleiner Junge. Springen kann er trotzdem schon und fällt den anderen Fahrern auf. Im Winter findet der erste Pre-Worldcup auf Fuerteventura statt. Bjørn fährt mit, landet aber ganz hinten.

1983: Bjørn geht noch zur Schule und fährt nur Regatten auf den Kanarischen Inseln, insbesondere die spanischen Funboard-Meisterschaften. In Deutschland werden 100 000 neue Bretter verkauft. Der Windsurfboom hat seinen Höhepunkt erreicht. Robby Naish gewinnt den ersten Overall Worldcup und wird der erste Profi-World-Champion.

1984: Es erscheint der erste größere Bericht von Bjørn, mittlerweile 15 Jahre alt, im deutschen Surfmagazin, der Titel: »Robby II«. Bjørn findet die Story ganz lustig. Wichtiger sind ihm aber die ersten Loopings, die gesprungen werden, und die er bei einer Regatta in Holland zum ersten Mal sieht. Kurz darauf springt er selbst seine ersten Loopings.

1985: Bjørns letztes Jahr in der Schule. Der Vater bietet ihm an, eine Windsurfkarriere zu probieren. Sollte er erfolgreich sein, darf er weitermachen. Wenn nicht, muss er zurück auf die Schulbank. Bjørn trainiert weiter wie bisher. Mehr surfen als er kann man ohnedies nicht. Noch ist sein Training aber nicht strukturiert. Aber der Spaßfaktor macht alles wieder wett.

1986: Die ersten Speedwettbewerbe werden auf Fuerteventura ausgetragen. Bjørns Schwester Britt stellt einen Traumweltrekord bei den Frauen auf. Das Sitztrapez wird zum neuen Standard und löst das Brusttrapez ab. Bjørn fährt das erste Jahr den kompletten Worldcup mit. Er kommt das erste Mal auf Hawaii, auf Oahu, Maui und an den River Gorge. Das Ergebnis am Jahresende: ein siebter Platz in der Gesamtwertung. Noch hat Bjørn kein Einzelrennen gewonnen.

1987 BIS 1996:
VON »EL NIÑO« ZUM TERMINATOR UND WINDSURF-SUPERSTAR

1987: Bjørn siegt zum ersten Mal in San Francisco und dann in Guadeloupe: sowohl im Racing als auch im Slalom. Robby sagt über Bjørn: »Verdammt, jetzt hat er es getan. Jetzt ist er nicht mehr aufzuhalten!« Bjørn genießt das Reisen und seine Siege. Für ihn ist nach wie vor alles neu und aufregend: immer an anderen Orten zu sein, überall neue Leute kennenzulernen, jeden Tag andere Wasserbedingungen zu erleben. Am Ende des Jahres ist er Zweiter hinter Robby Naish.

1988: Bjørn hat Robby nicht nur körperlich um eine Kopflänge überholt, er schlägt ihn nun auch in den meisten Rennen. Die Saison bringt die große Wende im Windsurfsport. Robby wird von Bjørn abgelöst. Bjørn gewinnt das erste Mal die Gesamtwertung, wird zum ersten Mal PWA Overall World Champion. Zudem gewinnt er den PWA-Race-World-Champion-Titel. Noch dominiert er nicht alle Wettbewerbe, aber seine Überlegenheit ist deutlich spürbar.

Vom Idol zum Konkurrenten:
Bjørn und Robby

1989: Bjørn beginnt die Saison mit vielen Einzelsiegen. Sein Motto: Wenn ich es ein Mal geschafft habe, kann ich es auch noch ein zweites Mal schaffen. Mitte des Jahres liegt er bereits klar vorne und hält diesen Vorsprung – zu seiner eigenen Überraschung – locker für den Rest des Jahres. Erneut gewinnt er den PWA-Overall-World-Champion- und den PWA-Race-World-Champion-Titel. Zudem erreicht er im Wave-Ranking bereits die Top-3-Position.

1990: Erneut wird Bjørn PWA Overall World Champion und PWA Race World Champion. Erstmals gewinnt er auch den PWA-Wave-World-Champion-Titel. Jetzt ist seine Erfolgsserie komplett. Er dominiert alle Wettbewerbe. Ein neuer Trend entsteht: Die ersten Indoor-Spektakel werden abgehalten. Spaß macht das vor allem den Zuschauern. Für Bjørn ist es jedoch ebenso spektakulär, daran teilzunehmen. Der Lohn: dementsprechend viele Fernsehminuten.

1991: Die erste Karibiktour wird gefahren. Die Surfprofis, die aufgrund ihrer Teilnahme an europäischen Wettbewerben an Kälte gewöhnt sind, genießen Sonne, Wärme, Wind und Spaß in vollen Zügen: Aruba, Curaçao, die Dominikanische Republik und Puerto Rico stehen auf dem Programm. Alles neue Reviere. Der Sieger am Ende der Saison ist derselbe: Bjørn wird PWA Overall World Champion und PWA Race World Champion. Im Wave Championship landet er auf dem zweiten Platz.

1992: Nichts Neues zwischen Hawaii und Sylt. Die Welt der Profisurfer hat sich daran gewöhnt, Bjørn hinterherzufahren und sich die Plätze hinter dem Champ zu teilen. Bjørn wird wiederum PWA Overall World Champion, PWA Race World Champion und nun auch PWA Wave World Champion.

Watch out!

1993: Die Dichte der Rennen wird immer größer. Insgesamt sind es fast 20 Worldcuprennen, die auf dem Programm stehen. Die gesamte Karibikrennserie wird gefahren, es gibt nur noch zwei Contests auf Maui, dazu einige auf Gran Canaria, Fuerteventura und sogar auf Teneriffa. Die Profis sind gut beschäftigt. Bjørn wird wieder einmal PWA Overall World Champion, PWA Race World Champion und PWA Wave World Champion. Seine Konkurrenten gehen leer aus. Dafür entdecken die Hawaiianer einen Superstrand: Die Angulo-Brüder und Laird Hamilton sind an einem Geheimspot draußen. Keiner soll wissen, wo er liegt. Nur einige Bilder werden veröffentlicht. Jaws!

Im Zeitraffer: 30 Jahre in Bjørns Karriere | 63

1994: In diesem Jahr gibt es etwas Neues in der Ranking-Liste: Bjørn wird PWA Overall World Champion, PWA Race World Champion und PWA Wave World Champion. Dabei ist es geblieben. Zudem aber gewinnt er auch noch den PWA Speed World Cup. Über den Titel des Speedweltmeisters freut er sich ganz besonders, denn nun deckt er mit seinen Siegen die gesamte Surfpalette ab: vom Waveriding über Slalom- und Racewettbewerbe bis hin zum Speed.

Jaws!

1995: Wieder wird Bjørn PWA Overall World Champion, PWA Race World Champion und PWA Wave World Champion. Doch er wächst über sich hinaus: Freeriding wird man es später nennen. Er nennt es damals noch gar nicht. Er hat nur sehr viel Spaß. Dann unternimmt Bjørn seinen ersten Search: ohne Kamera, ohne Promotion, nur mit Freunden. Zurück zur Einfachheit. The Search wird ihn nie wieder loslassen.

1996: Der Goiter wird von Mark Angulo erfunden. Die Kids suchen sich immer mehr neue Spielwiesen, um aufzufallen, denn im Rennen kommt keiner mehr so recht an Bjørn vorbei. Nur im Waveriding erkennen sie ihre Chance und spezialisieren sich mehr und mehr auf diese Einzeldisziplin. Während Bjørn alle Wettbewerbe fährt und PWA Overall World Champion und PWA Race World Champion wird, wird er in den Wave World Championships in diesem und in den kommenden Jahren nur noch Zweiter oder Dritter. Nur noch! Als Ausgleich geht Bjørn immer häufiger snowboarden.

1997 BIS 2007:
VOM WINDSURF-SUPERSTAR ZUM TRENDSETTER

1997: Die Freestyle-Wettbewerbe leiten eine neue Ära ein. Eine neue Generation wird angesprochen. Leichte und bewegliche Typen, die bei weniger Wind und kaum Welle ihre Tricks abziehen, machen Furore. Der Spaß am Windsurfen erreicht eine neue Dimension. Die Magazin-Journalisten springen begeistert auf. Ein neuer Ast am Windsurfbaum ist geschaffen. In

○ **Ja**, ich möchte regelmäßig über Neuerscheinungen im riva Verlag informiert werden.

○ **Ja**, ich möchte via E-Mail den kostenlosen riva-Newsletter erhalten.
Meine E-Mail: _____

○ **Ja**, ich möchte am Gewinnspiel teilnehmen.
Unter allen Einsendern verlosen wir jeden Monat 5 Büchergutscheine im Wert von **200 Euro.**

Unser Gesamtprogramm und unsere regelmäßigen Aktionen finden
Sie auch auf unserer Website unter

www.rivaverlag.de

www.rivaverlag.de

Absender

Name, Vorname

Straße, Hausnummer

PLZ, Ort

E-Mail

Telefon

Datum/Unterschrift

Diese Postkarte lag im Buch:

www.rivaverlag.de
Telefon: 089/444 679-0 • Fax: 089/65 20 96
E-Mail: info@rivaverlag.de

Antwortkarte

riva Verlag
Frundsbergstraße 23
80634 München

Das Porto
zahlen wir
für Sie

den ersten zwei Jahren fährt Bjørn die Serie mit, sogar den King of the Lake. Zur Überraschung vieler gewinnt Bjørn sogar diesen Titel. Und wieder wird er PWA Overall World Champion und PWA Race World Champion.

1998: Der Sport hat sich deutlich spezialisiert. Die Athleten fahren nur noch einzelne Disziplinen. Der Overall-Titel wird von keinem mehr angestrebt. Bjørn ist darauf fix gebucht. In den Einzeldisziplinen wird die Konkurrenz dafür immer enger. Bjørn tritt im Race, Wave und Freestyle an. Er ist gut vorbereitet, hat gut trainiert und holt die Titel wieder herein – PWA Overall World Champion, PWA Race World Champion und PWA Freestyle World Champion. Bjørn ist jetzt Ende 20 und denkt sich nach wie vor: Vollgas und weiter!

1999: Bjørn will es noch einmal wissen. Er greift im Waveriding voll an – und gewinnt erneut. Er holt sich zum sechsten Mal den PWA-Wave-World-Champion-Titel; und dazu wiederum den PWA-Overall-World-Champion- und PWA-Race-World-Champion-Titel. Erneut dominiert er alle Wettbewerbe, trotz der Spezialisierung seiner Konkurrenten. In der Amateurwelt ist Kitesurfing groß im Kommen, für Bjørn ist das kein Thema. Auf diesen Trend springen vor allem Surfer auf, die in Ho'okipa nicht zu den Besten zählen. Bjørn freut sich: Ho'okipa ist daraufhin für zwei bis drei Jahre schön leer. Ein Riesenplus für den Champ. Das ist seine Art, den Kitesport zu genießen.

2000: Bjørn fährt noch einmal eine gesamte Saison den Weltcup mit. Aber sein Herz ist bereits an anderen Orten. The Search hat ihn voll ergriffen. Er reist mit Freunden an unbekannte Plätze, um das zu tun, was er am liebsten macht: windsurfen. Es ist das erste Jahr, in dem Bjørn die ersten Plätze in der Jahreswertung anderen überlassen muss. In allen Disziplinen belegt er nur noch die zweiten und dritten Plätze.

2001: Es ist die Zeit, in der das Formular-Windsurfen überhand nimmt, eine Art des Rennens, die Bjørn gar nicht behagt: viel zu lange Kreuzschläge, kein Spaß mit dem Material auf den Raumschotschenkeln. Für Bjørn fehlt hier der Spaß am Windsurfen. Die Stars weichen alle aus. Einige treten nur noch im Freestyle an, andere fahren Slalom. Bjørn entscheidet, dass er noch einmal Wellenweltmeister werden will. Und er schafft es. Er holt sich den 36. Weltmeistertitel, den PWA Wave World Champion 2001.

2002: Bjørn konzentriert sich auf The Search. Erstmals fährt er nur mehr in der Welle. Und er beginnt die Jagd nach dem Geschwindigkeitsweltrekord. Er übernimmt noch mehr Aufgaben als Botschafter des Windsurfsports. Immer größere Artikel erscheinen über The Search in internationalen Magazinen und auch im Fernsehen.

2003: The Search und Speed stehen voll und ganz im Zentrum. Bjørn verbessert sein Speedmaterial deutlich. Eine ganze Reihe von Rekordversuchen werden absolviert. Von allen Entwicklungsarbeiten, die Bjørn je durchgeführt hat, ist die Entwicklung des Speedmaterials die komplizierteste, zeitaufwendigste und schwierigste.

2004: Erstmals wird in diesem Jahr wieder eine Speedtour gefahren, die Bjørn nun zu seinem wichtigsten Projekt erklärt hat. Der Windsurfer wird zum wiederholten Male »das schnellste Segelfahrzeug« mit neuem Weltrekord. Die GPS-Systeme revolutionieren die Speedszene. Jedermann kann nun seine tatsächliche Geschwindigkeit auf dem Wasser messen.

2005: Bjørn holt seinen 34. PWA-WM-Titel in der Disziplin Slalom 42. Seine größte Aufmerksamkeit gilt aber dem Speedfahren. Mit einem groß inszenierten Event in Namibia bringt er den Windsurfsport nach Afrika und holt dort zugleich seinen 35. WM-Titel als ISA-Speed-Weltmeister.

2006: Bjørn bricht den Weltrekord über die nautische Meile (1852 Meter). Mit 44,35 Knoten setzt er das neue Limit für die lange Speed-Distanz. Er gewinnt auch den ISA Speedsurfing Grandprix auf Karpathos in Griechenland, wird Dritter bei der Wok-WM 2006 von Stefan Raab und zudem als »Surfer of the Year« geehrt.

2007: Bjørn stellt einen neuen Rekord beim Umfahren der Ostseeinsel Fehmarn auf. In zwei Stunden und 54 Minuten umrundet er bei sechs bis sieben Windstärken die etwa 80 Kilometer lange Küstenlinie. Zu »Big Easter in Jaws« (Ostern 2007 liefen besonders hohe Wellen auf Hawaii zu) reitet Bjørn spektakuläre Wellen, ein Tow-in-Tag der Sonderklasse. Erneut wird er Surfer des Jahres.

BODY-INDEX

Körpergröße:	191 Zentimeter
Gewicht:	103 Kilogramm
Schuhgröße:	47-48 (US: 13)
Halsumfang:	43 Zentimeter
Brustumfang:	122 Zentimeter
Taillenumfang:	97 Zentimeter
Bizepsumfang:	38 Zentimeter entspannt, 44 Zentimeter angespannt
Unterarmumfang:	35 Zentimeter
Oberschenkelumfang:	64 Zentimeter
Unterschenkelumfang:	44 Zentimeter angespannt
Armlänge (Schlüsselbein bis Handgelenk):	62 Zentimeter
Handumfang (Knöchel der geöffneten Hand, ohne Daumen):	25 Zentimeter

Kapitel 4

»EL NIÑO«,
DAS WINDSURFKIND

BJØRNS KINDHEIT: WIE DER VATER, SO DER SOHN,
ABER WO DIE MUTTER IST, IST AUCH DER WEG

Ulla lernt Wellenreiten auf Hawaii

Bjørns Karriere beginnt sozusagen mit einem Job bei Pan America. Kein Job für ihn selbst, sondern für seine Mutter, für Ulla Dunkerbeck, die als Flugbegleiterin die Hauptrute Miami-Los Angeles-Hawaii fliegt. Der Dienstplan zwingt sie zu einer dreitägigen Pause auf Hawaii. Ulla liebt das Wasser. Jede freie Minute geht sie ans Meer, schwimmt, taucht, schnorchelt und entdeckt die Surfer weiter draußen. Schon in frühester Kindheit war sie Mitglied der Schwimm-wettkampfgruppe ihrer Schule gewesen, trainierte, so oft sie konnte, und war glücklich über jede Minute, die sie ins Wasser durfte. In Dänemark, ihrer Heimat, ist sie zu Ostern die Erste, die im offenen Meer schwimmt, bei jeder Temperatur. Auf Hawaii, bei Badewassertemperaturen, kann sie nichts mehr halten. Sie beobachtet die Eingeborenen auf ihren riesigen Brettern, wie sie frühmorgens weit in die Wellen vor Copacabana Beach hinauspaddeln, beobachtet, wie die Surfer warten, bis die Dünung hereinkommt, und wie die Jungs Freundinnen mitnehmen und sie sogar auf ihren Schultern sitzen lassen, während sie von weit draußen den ganzen Weg auf einer großen Welle hereingefahren kommen. Ulla ist in ihrem Element. Sie erobert sich ein Brett und probiert es immer und immer wieder. Am Morgen ist sie die Erste, die hinauspaddelt, abends ist sie die Letzte, die hereinkommt. Und doch: Es gelingt ihr nicht, das Geheimnis der Surftechnik zu erkunden. Die Wellen laufen ständig unter ihr durch, und wenn sie

Bjørn mit seiner Schwester Britt

letztendlich doch eine erwischt, ist ihr Versuch in Sekundenschnelle mit einem Überschlag wieder beendet. Noch bevor sie das Surfen wirklich lernt, endet ihre Karriere als Flugbegleiterin auf der Linie nach Hawaii. Die Faszination für das Surfen aber bleibt für immer. Der Surfsport hat damit die Familie Dunkerbeck erfasst, lange bevor Bjørn überhaupt auf den Plan tritt.

Bjørn verweigert den Schwimmunterricht

Bjørn, das zweite Kind von Ulla und Eugen Dunkerbeck, ist von Kindesbeinen an das komplette Gegenteil seiner Mutter. Während Ulla das Meer und das Schwimmen liebt, hasst Bjørn jeden Kontakt mit dem Wasser. Für ihn ist es kalt, nass und furchtbar. Aber er muss hinein. Zwar lässt die Mutter ihren Kindern freie Wahl, was den Sport angeht, Skifahren, Radfahren, Kampfsport oder jede Art von Ballspiel, doch bei einer Sportart gibt es kein Pardon: beim Schwimmen. Schwimmen ist ein Muss. Mit vier Jahren erhält Bjørn seinen ersten Schwimmunterricht. Und während seine ältere Schwester Britt bereits mit sieben Jahren erste Konkurrenz »verschwimmt«, weigert sich Bjørn beharrlich, jede Form von Schwimmtechnik anzuwenden. Als ihm seine Mutter nach dem ersten Jahr Schwimmunterricht einen Gürtel anlegt, ihn an ein Seil bindet und dann einfach ins kalte Wasser wirft, reagiert Bjørn schlichtweg gar nicht. Er bewegt sich nicht. Er lernt weder die Schwimmbewegungen noch findet er das geringste Vergnügen daran, sich überhaupt im Wasser fortzubewegen. Am Ende des Sommers nimmt die Mutter den Gürtel einfach weg und schubst Bjørn ins Wasser. Er geht unter wie ein Stein. Die Mutter muss ins Becken springen, um ihn herauszuholen. Der Junge verweigert jede Form von Kooperation. Er weigert sich, auch nur einen einzigen Schwimmzug zu tun. Bis zu seinem neunten Lebensjahr ändert sich daran nichts. Er spielt in Ufernähe im Wasser, planscht im Schwimmbad und macht Blödsinn, aber er schwimmt nicht. Mit der ersten Stunde auf dem Surfbrett ändert sich das schlagartig. Unmittelbar danach beginnt Bjørn, intensiv an seinen Schwimmfähigkeiten zu arbeiten. Von jenem Moment an hat er den Sinn erkannt. Tage später schwimmt er wie ein Fisch.

Ulla trickst Eugen aus

Mit seiner Skepsis dem Wasser gegenüber ist Bjørn nicht allein in der Familie. Sein Vater Eugen hasst Sand und Wasser noch viel mehr als sein Sohn. Während Ulla alles daransetzt, um jedes Wochenende am Strand verbringen zu können, unternimmt Eugen alles, um nicht mitkommen zu müssen. Er sagt, es sei ihm peinlich, dass er nicht schwimmen könne. So packt

»El Niño«, das Windsurfkind | 69

Bjørn lernt windsurfen

die Mutter die Kinder ein und geht mit ihnen allein ans Meer, allein ins Schwimmbad, jedes Wochenende allein in die Nähe des Wassers. Eugen kommt niemals mit, kein einziges Mal. Während all dieser Jahre betritt Eugen nie einen Strand. Er hat einfach keinen Bock auf Sand in den Schuhen, auf die Nässe, die Kälte, das Salz auf der Haut. Nur einmal, ein einziges Mal, macht er eine positive Bemerkung über etwas, das mit dem Wasser zu tun hat: Auf einer Autofahrt entlang der holländischen Küste nach Hamburg entdeckt Ulla einen Windsurfer, der vor der Westküste inmitten der Strömung fährt. Aus irgendeinem Grund kommt Eugen in den darauffolgenden Tagen erneut auf den Surfer zu sprechen. Irgendwie scheint ihm das Thema Windsurfen zu gefallen. Ulla erkennt ihre Chance. Vielleicht schafft sie es, ihren zwar sehr sportbegeisterten, aber wasserscheuen Mann doch noch aufs Wasser zu bringen. Wenn er windsurfen lernt, so kombiniert sie, muss er zwangsläufig aufs Wasser, muss irgendwo ans Meer. Das würde gut passen. In Hamburg angekommen, kauft sie sofort ein Surfmagazin, schlägt nach, wo es eine Surfschule gibt, findet eine in Kiel, ruft dort an und ist eine Woche später auf dem Campingplatz, um windsurfen zu lernen. Zu ihrem Entsetzen stellt sie dort fest, dass Eugen ihr bislang nur Geschichten erzählt hat. Ihr Mann ist ein hervorragender Schwimmer. Bisher hatte ihm nur jede Motivation gefehlt. Nun hat er sie. Wie der Vater, so der Sohn, kann die Mutter später nur feststellen.

Am Ende der Woche kaufen sie ein Surfbrett, fahren damit zurück nach Dänemark und beginnen, an den Fjorden zu surfen. Sie sind damit wochenlang allein, niemand sonst ist draußen auf dem Wasser. Aber das Windsurffieber hat sie voll erwischt. Rasch werden alle Freizeitpläne umgestellt. Waren sie bislang in den Weihnachtsferien beim Skifahren, so wird nun der erste Surfurlaub geplant. Freunde, die schon immer wollten, dass die Dunkerbecks mit ihnen nach Gran Canaria fliegen, sind begeistert. Sie erzählen, dass es auf Gran Canaria sehr, sehr viel Wind gebe. Das sei für sie und die anderen Badenden zwar nicht besonders angenehm, müsse aber für einen Windsurfer hervorragend sein. Die Dunkerbecks sagen zu, buchen ihre ersten Flüge nach Gran Canaria. Ihre Bretter mit ins Flugzeug zu bekommen, stellt sich dabei allerdings als ein gewaltiges Hindernis heraus. Die Konditionen sind derart verrückt, dass die Familie am Ende des Urlaubs entscheidet, die Bretter auf Gran Canaria zurückzulassen. Denn sie sind sich sicher: Bald kommen sie wieder.

»Ich war gerade sieben, als wir Urlaub auf den Kanaren gemacht hatten. Und fünf Monate später haben wir schon dort gewohnt. Wir Kinder wurden gefragt, ob uns das gefallen hat im Weihnachtsurlaub auf Gran Canaria. Wir fanden es ganz lustig. Und kurz darauf lebten wir schon dort.«

Zurück in Dänemark überlegen die Eltern, ob jetzt nicht der richtige Zeitpunkt sei, ihr Leben von Grund auf zu ändern, alles stehen und liegen zu lassen und etwas ganz anderes zu tun. Eugen, der eine Textilfirma besitzt und leitet, sieht sich mit einer schwachen Konjunktur und einem Rückgang in den Auftragszahlen konfrontiert. Es dauert einige Wochen, dann steht die Entscheidung fest. Eugen und Ulla werden alles verkaufen, die Firma, das Haus, das Auto, und werden es wagen, auf den Kanarischen Inseln eine neue Existenz aufzubauen. Nachdem auch die Kinder nach ihrer Meinung gefragt worden sind, werden die Vorbereitungen für einen Schulwechsel getroffen, und fünf Monate später übersiedeln die Dunkerbecks auf die Kanarischen Inseln.

Die Dunkerbeck-Surfschule

Umgehend gründen sie eine Surfschule in Maspalomas, im Süden von Gran Canaria. Auch hier erweist sich der Start als schwierig. Noch ist der Sport zu unbekannt, noch gibt es zu wenig Schüler, die das Windsurfen erlernen wollen. Der Boom beginnt erst einige Jahre später. Aber Eugen und Ulla halten durch.

BJØRN IN DER SCHULE

Bjørn weiß genau, was er will

Bjørn weiß immer ganz genau, was er will. Man kann ihn zu nichts zwingen. Ihn zu etwas zu überreden, das er für sinnlos hält, ist sinnlos. Das war schon so beim

Schwimmen, nun ist es das Gleiche mit den Hausaufgaben. Schulsachen gehören seiner Meinung nach ausschließlich in die Schule. Die Zeit zu Hause gehört dem Windsurfen. So kommt es, nach Aussagen der Mutter, kein einziges Mal vor, dass Bjørn Hausaufgaben macht. Wenn sie ihren Sohn fragt, ob er Hausaufgaben zu erledigen habe, antwortet er mit Nein. Er habe bereits alles in der Schule geschafft, es sei nicht notwendig, dass er zu Hause etwas schreiben oder fertigstellen müsse. Bjørn nimmt niemals, keinen einzigen Tag, ein Buch von der Schule mit nach Hause. Aber er besteht jede Prüfung, schafft jedes Schuljahr ohne Probleme. Mehr will die Mutter nicht wissen. Sie vertraut ihm, lässt ihn gewähren, kontrolliert nie, ob er tatsächlich keine Hausaufgaben aufhat. Ihre Philosophie ist einfach: Wenn er das alles so schafft, dann ist das in Ordnung.

Eingang zur Apartmentanlage von Vater Eugen

Nur ein einziges Mal fragt sie nach. Bjørn war gerade zwölf geworden. Eine Mathematikschularbeit steht bevor, der Vater fährt ihn morgens zur Schule. Doch kaum ist Eugen von der Schule zurück und sitzt gerade in Ruhe beim Frühstück am Tisch, steht Bjørn bereits wieder in der Tür. Auf die Frage, was mit der Mathematikprüfung sei, antwortet Bjørn, das sei schon erledigt, alles sei in Ordnung, er wolle gleich nach Pozo zum Windsurfen fahren. Da die Mutter weiß, dass für die Prüfung vier Stunden Zeit angesetzt waren, kann und will sie einfach nicht glauben, dass Bjørn nur eine halbe Stunde dafür gebraucht haben soll. »Das hat die Lehrerin auch gesagt«, ist die einfache Antwort von Bjørn. »Ich bin aber fertig.« »Okay«, sagt die Mutter, »das ist dein Bier. Wenn du Probleme kriegen willst, dann bitte sehr!« Als er drei Tage später die Arbeit zurückbekommt, hat er nur einen Fehler. Auf die erneute Frage, wie er das geschafft habe, antwortet er: »Wenn es Wind in Pozo gibt, warum soll ich dann vier Stunden sitzen bleiben, wenn ich es auch in einer halben Stunde fertigstellen kann.«

»Die Motivation, den ganzen Vormittag in der Schule zu verbringen, war einfach. Meine Eltern haben mir gesagt, wenn du die Schule schwänzt, dann fährst du am Wochenende nicht nach Pozo. Also war das Thema für mich erledigt.«

Eine großartige Schule

Vier Jahre lang ist Bjørn der Beste, aber auch der Einzige in der Klasse. Die norwegische Privatschule auf Gran Canaria ist so klein, dass drei Klassen zu einer zusammengelegt wurden. Diese Zeit prägt Bjørn. Effizient zu lernen, wird sein Credo. Er verbringt so wenig Zeit wie nur möglich in der Schule, um jede freie Minute auf dem Wasser zu sein.

»Die Schule in Maspalomas auf Gran Canaria war genial. Ich hatte das große Glück, dass sie um zwei Uhr aus war. Deshalb hatte ich den ganzen Nachmittag Zeit, um an den Strand zu gehen, um zu windsurfen.«

Einige Klassen unter ihm in derselben Schule sind die Jensen-Brüder. Auch sie nutzen die Zeit sehr geschickt und gehen bei Ulla Dunkerbeck in die Surfschule. Bjørns beste Freunde und zugleich seine Konkurrenten folgen ihm dicht auf den Fersen, vom Schultor bis zur Surfschule und nach Pozo an den Strand.

Durchsetzungsvermögen

Und Bjørn lernt noch mehr fürs Leben. Er erfährt, dass er sich auf die Unterstützung und den Rückhalt seiner Eltern voll verlassen kann. Einmal meint einer seiner Lehrer, Bjørn müsse sein Buch sehr wohl mit nach Hause nehmen, um darin zu lesen. Bjørn aber verspürt nicht die geringste Lust dazu und vergisst es postwendend. Daraufhin erhält er vom Lehrer den Auftrag, seiner Mutter zu berichten, dass er der Anordnung seines Lehrers nicht gefolgt sei. Bjørn erzählt es zu Hause. Doch Ulla reagiert ganz anders, als zu erwarten war. Sie bestätigt ihrem Sohn, dass es die Aufgabe des Lehrers sei, den Kindern in der Schule etwas beizubringen, und dass es ein Fehler des Lehrers sei, wenn Kinder den Lehrstoff nach der Schule nicht beherrschen würden. Bjørn folgert daraus, dass es auch zukünftig nicht nötig sei, ein

Buch mitzunehmen. Und genau das sagt er seinem Lehrer am folgenden Tag, offen und direkt, wie es nun mal seine Art ist. Der wochenlang folgende Konflikt ist vorprogrammiert. Der Tadel enorm. Das Ergebnis das gleiche: Bjørn nimmt nie ein Buch mit nach Hause und besteht trotzdem alle Prüfungen.

Bjørn lernt sechs Sprachen

Wie vieles anderes, so fällt es Bjørn ebenso leicht, Sprachen zu erlernen. In Dänemark aufgewachsen und zur Grundschule gegangen, wird Dänisch seine erste Sprache.

Mit neun Jahren und gerade auf Gran Canaria angekommen, spielt er mit einem französischen Jungen am Strand. Obwohl sein Spielgefährte nur 14 Tage Urlaub auf der Insel macht, spricht Bjørn mit seinem Freund am Ende dieser Zeit bereits eine »Mischsprache« aus Französisch und allen möglichen anderen Sprachen, sodass sie einander ohne Probleme verstehen können.

Auf Gran Canaria geht Bjørn in eine norwegische Schule, da es keine dänische gibt. Für ihn ist das aber nicht allzu schwierig, da sich die norwegische Sprache zwar ein bisschen anders anhört, aber ähnlich geschrieben wird.

Deutsch lernen die Kinder am Strand, denn die meisten Windsurfer, die zu dieser Zeit nach Gran Canaria kommen, sind Deutsche. Im letzten Schuljahr vor dem Examen kommt in der Schule dann auch Deutschunterricht dazu – für Bjørn kein Problem mehr.

Direkt vor der Haustür

Englisch lernt er ebenfalls in der Schule und perfektioniert es später auf Hawaii. Holländisch übernimmt er von seinem holländischen Vater; es bleibt aber die Sprache, die Bjørn am wenigsten beherrscht.

Spanisch übt Bjørn mit seinen Freunden, spielerisch, einfach, ohne nachzudenken. Ein wenig verbessert er sein Spanisch in der Schule. Die restlichen Kenntnisse holt er sich »von der Straße«.

DIE ELTERN LEGEN DIE BASIS DES ERFOLGS

Siegeswille

Ob Bjørn in der Schule Schach spielt, im Fußballteam Stürmer ist oder auf der Laufbahn antritt: Er will gewinnen.

»Ich war immer ein Wettkampftyp. Ob es in der Schule über die 100 Meter war, im Fußball oder mit dem Kompass auf dem Orientierungslauf – ich wollte immer Erster sein. Es hat nicht immer geklappt, da waren welche, die schon schneller gelaufen sind als ich, weil sie längere Beine hatten, aber nicht, weil ich das wollte.«

Als Bjørns Eltern eine Windsurfregatta fahren, erwacht in ihm rasch die Lust, mit dabei zu sein und zu gewinnen. Während Ulla und Eugen an den Start gehen, sitzen die Kinder im Juryboot und beobachten ihre Eltern ganz genau. Bjørn ist sofort Feuer und Flamme. Den taktischen Manövern seiner Mutter kann er zu der Zeit nicht so recht folgen. Vom Juryboot aus brüllt er ihr immer wieder Kommentare zu: »Wieso fährst du links. Hast du keine Augen im Kopf? Die anderen fahren rechts. Kein Wunder, dass du Letzte bist.« Um diese Art öffentlicher Kommentare ihres Sohnes fortan zu vermeiden, erklärt sie ihm, dass sie versucht habe, eine bessere Seite des Windes zu erreichen. Und so wie Ulla selbst alles gründlich und mit großer Perfektion durchführt, bringt sie auch ihren Kindern von Anfang an bei, jedes Detail wirklich zu verstehen, damit sie erfolgreich werden. Noch bevor Bjørn an seinen ersten Start gehen darf, muss er alle Regeln genau kennen und verstehen. Und er muss wissen, worum es beim Start geht, sodass er jedes Manöver, das er fahren will, auch genau planen kann. Nach jedem Wettkampf wird besprochen, was genau passiert ist, was man noch tun kann, um besser zu werden, und was man lassen sollte, um keine Proteste zu kassieren. Und mit jeder Belehrung transportiert Ulla ihre tiefe Überzeugung, dass man nicht Regatta fahren soll, wenn man nicht gewinnen will: »Wenn du nicht siegen willst, kannst du es gleich bleiben lassen, denn dann macht es keinen Spaß.«

»Meine Mutter ist etliche Male auf dem Treppchen gestanden. Sie war sogar Vizeweltmeisterin. Da kann ich mich noch gut daran erinnern, ich war noch ein Kind. Ich fand das ganz lustig. Da denkst du nicht viel darüber nach, das ist dann halt so.«

Im Worldcup scheint auch nicht immer die Sonne!

Spielerisch beginnen

Für Bjørn beginnt die Karriere ganz spielerisch im Alter von zehn Jahren mit den ersten Leichtwindregatten. Der Vater erkennt rasch, dass der Junge wirklich Talent hat. Noch wichtiger findet er allerdings, dass Bjørn hochmotiviert ist, um sich mit anderen zu messen. Heute sagt Eugen, »dass dem Bjørn die wirklich wichtigen Dinge von seiner Mutter mitgegeben worden sind.« »Was den Erfolg angeht«, so Eugen, »sind sich die beiden sehr ähnlich. Wenn sie etwas anfangen und es gefällt ihnen, dann machen sie es zu 100 Prozent und zu 100 Prozent gut.« Wenn die meisten Leute bei 70 Prozent bereits sagen, es ist okay, dann reicht das für Bjørn und Ulla noch lange nicht. Für Eugen ist das der Hauptgrund, weshalb Bjørn so erfolgreich geworden ist. Eugen meint, Bjørn wäre auch in jedem anderen Sport erfolgreich geworden, wenn er ihn bloß interessiert hätte.

»Das Allerwichtigste war logischerweise, dass mir meine Mutter und mein Vater das Surfen beigebracht haben. Und schlussendlich sind sie auch auf die Kanaren gezogen. Nicht, weil ich windgesurft bin, sondern weil sie windgesurft sind.«

Die Mutter als Vorbild

»Von Ulla habe ich sehr viele Dinge gelernt. Die Vorbereitung vor dem Rennen, richtig zu starten, wie man sich im Rennen verhält und wie man sich nach dem Rennen regeneriert. Sie war sehr aktiv und sehr gut in den Jahren, in denen sie Wettkämpfe bestritten hat, hier auf der Insel, auf dem Festland, in Europa und in der Welt.«

Von seiner Mutter lernt Bjørn auch, wie es sich anfühlt, Sieger zu sein. Die Regatten in der Frauenklasse, bei denen Ulla an den Start geht, gewinnt sie fast immer. Für Bjørn ist es daher ganz selbstverständlich, dass man nur an den Start geht, wenn man auch siegen will. Doch auch von seinem Vater Eugen lernt Bjørn viele Dinge. Vor allem die Liebe für die Geschwindigkeit, für das Hin- und Herheizen in vollem Tempo.

»Auf dem Wasser hat mich jeder motiviert, der gut drauf war und viel gesurft ist. Mit meinem Vater bin ich sehr oft unterwegs gewesen und bin viel mit ihm gesurft über die Jahre. Er ist immer relativ zügig unterwegs gewesen.«

Als Bjørn neun Jahre alt ist, ist den Eltern eines klar: Bjørn liebt das Windsurfen so sehr wie nichts anderes. Jede freie Minute ist er draußen auf dem Wasser. Seine gesamte Freizeit verbringt er auf dem Brett. Und daran hat sich bis heute nichts geändert. Für den Vater ist das großartig. Er kann sich um seine eigenen Dinge kümmern, die Surfschule leiten, die Bretter ausgeben und wieder einsammeln, die Gäste betreuen und mit Ulla gemeinsam die Kurse abhalten, und hat dennoch seinen Sohn immer ganz nah bei sich, immer im Blickfeld, immer unter ständiger Beobachtung. Für Eugen und Ulla ist es wunderbar, dass ihr Sohn die gleiche Freude an dem Sport entwickelt, für den sie auf die Kanarischen Inseln gezogen sind.

Regatta statt Wochenendpicknick

Für Familie Dunkerbeck ist der Wettkampf am Wochenende das, was für andere ein Ausflug in die Berge oder ein Tag im Freibad ist. Jedes Wochenende wird gesurft, gegrillt, gewonnen und geblödelt. Familien, die möglichst viel Zeit am Wasser verbringen, werden ihre engsten Freunde, und sie treffen einander am Strand. Der Spaß, das Vergnügen, die Selbstverständlichkeit, jede freie Minute für den Windsurfsport einzusetzen, gehören für Bjørn und auch für seine Schwester Britt zum ganz normalen Lebensgefühl.

Perfektionist und Perfektionistin

Und noch etwas lernt Bjørn von seiner Mutter. Den Beruf Windsurfer. Während Eugen die Surfschule leitet, ist Ulla Surflehrerin. Morgens um neun geht sie mit ihrem ersten Schüler hinaus, und wenn sie wieder an Land zurückkommt, ist es oft

Immer in Bewegung –
Strandlauf in der Abenddämmerung

»El Niño«, das Windsurfkind | 77

fünf Uhr nachmittags. Dazwischen kommt sie gerade mal dazu, etwas zu essen, ein bisschen zu trinken und den Schülern zu helfen, ihr Material ordentlich herzurichten. Bjørn wird sein Leben kaum anders gestalten. So wie seine Mutter baut er seine Kondition, sein Können, seine Fähigkeiten Stunde um Stunde aus, die er auf dem Wasser verbringt.

»Meine Mutter ist sicher eine Perfektionistin. Und ich schätze, das hat sich irgendwie im Blut von ihr auf mich übertragen. Ich weiß, dass ich den Bewegungsdrang von ihr geerbt habe. Wir können beide nicht still sitzen. Rumhängen ist nichts für uns. Zusehen ist nicht ihr Ding. Sie hat bis heute noch kein einziges Fußballmatch ganz angesehen, weil sie immer einschläft, bevor es zu Ende ist. Es ist ihr einfach zu langweilig. Sie ist lieber dabei, spielt lieber selbst Fußball, hat das sogar in der Schule gemacht.«

Zur Startlinie bringen

Die ersten Jahre im Regattasport verbringt Bjørn unter den Fittichen seiner Mutter. Gemeinsam mit seinem Freund Miguel startet Bjørn in der Leichtgewichtsklasse. Vor jedem Start bringt Ulla die beiden Dreikäsehochs zur Startlinie hinaus und fährt voraus, um ihnen zu zeigen, wo genau die Startlinie liegt. In der Nähe des Startbootes lässt Ulla dann die Kinder allein, befiehlt ihnen, auch wirklich dort zu bleiben, um ja nicht den Start zu verpassen, und keine weiteren Fragen mehr zu stellen. Ulla konzentriert sich dann auf ihren eigenen Start. Nach dem Rennen sammelt die Mutter die beiden Jungs wieder ein, damit sie mit ihr zurück zum Strand fahren können; das heißt, falls die beiden überhaupt noch dort sind und nicht schon irgendwo ein Privatrennen für sich selbst veranstalten.

Vor dem Passatwind gerettet

An einem der ersten Rennen, an dem Bjørn teilnimmt, kommt es für ihn zu einem einschneidenden Erlebnis. Bjørn ist gerade neun Jahre alt. Am Morgen herrschen Leichtwindbedingungen. Eine Spaßregatta ist angesagt. Bjørn ist mit einem 6,5 Quadratmeter großen Segel hinausgefahren, das Rennen verläuft gut. Die

Bjørn wird von seiner »Trainingspartnerin« Schwester Britt »auf Händen« getragen

Mutter liegt in Führung. Alles wie immer. Bis auf einmal der Passatwind auffrischt und in Ufernähe hereinkommt. Bjørn bekommt Panik. Sie sind zu weit draußen. Mitten im Rennen schlägt er einen Haken, fährt direkt auf seine Mutter zu, stoppt sie und ruft ihr zu: »Der Passat kommt herein! Was machen wir jetzt? Mein Segel ist zu groß!« Ullas Antwort: »Ganz ruhig, wir fahren gemeinsam zum Strand zurück.« Das Rennen ist vorbei. Beide drehen ab, fahren so schnell sie können raumschot zurück zum Strand. Für Ulla ist es ärgerlich, da sie weit vorne lag in diesem Rennen und nun aufgeben muss; für jemanden, der so ehrgeizig ist wie sie, eine gewaltige Herausforderung. Aber sie tut es, sie sieht Bjørns Angst. Er dreht sich immer wieder um, blickt auf die dunklen, sich kräuselnden Wellen und weiß, dass es schwer sein wird, den Strand zu erreichen, wenn ihn die Macht des Passatwindes einholt. Von diesem Tag an erkennt Bjørn die ersten Anzeichen des Passatwindes, der sich dem Ufer nähert. Seine Beobachtungsgabe ist geschärft, sein Gespür für die Bedingungen wird immer präziser.

Loch im Brett

In all der Zeit fehlt Bjørn aber noch in vielen Dingen die Ernsthaftigkeit. Ulla erinnert sich noch genau an einen Sonntagmorgen, an dem sie ihr eigenes Material und das Material von Bjørn bereit machen will für eine Regatta. Sie holt die Segel aus dem Lager, kontrolliert ihr Brett, die Finnen, die Gabelbäume. Alles in Ordnung. Alles ist bereit zum Aufladen, da dreht Bjørn sein Brett um: »Hey, da ist ja ein Loch im Brett. Ich hab gestern vergessen, dir das zu sagen!« Die Mutter ist wütend und erklärt Bjørn, dass das definitiv das letzte Mal gewesen sei, dass er sich erst am Morgen um sein Material kümmere. Die Lektion sitzt. Der Automatismus, sich präzise, beständig und mit großer Akribie um sein Material zu kümmern, ist Bjørn von nun an eingeimpft.

Bjørn verhindert den Sieg seiner Mutter

Bjørn ist mit zwölf Jahren bereits ein Profi, zumindest was die Anzahl der gefahrenen Regatten betrifft. Bei einer Kanarischen Meisterschaft in Las Palmas liegen Bjørn und seine Mutter erneut in ihren Kategorien weit vor dem Feld. Bjørn findet wieder einmal keinen anderen Gegner als seine Mutter. Er nimmt ihr den Wind, sieht zu, dass sie nicht zu schnell vorankommt, kämpft gegen sie und drängt sie sogar von der idealen Linie ab, um seinen Spaß zu haben. »Hey, schau, dass du wegkommst!« Ulla ist sauer, ruft Bjørn zu, dass er sich gefälligst darum kümmern solle, selbst ins Ziel zu kommen. Dass er sie in Ruhe lassen solle, sie sei nicht seine Konkurrentin. Er solle ihr nicht den Wind wegnehmen und sie nicht weiter behindern. Ulla droht, ihm eine herunterzuhauen, wenn er nicht sofort verschwindet. Zu spät. 500 Meter vor dem Ziel ziehen zwei Konkurrentinnen aus Ullas Startgruppe, auf der idealen Linie liegend, vorbei und schnappen ihr den Sieg weg. Für Bjørn reicht es allemal noch aus, in seiner Klasse vor seinen Konkurrenten zu gewinnen. Am Strand bekommt er dann allerdings Stress. Der Haussegen hängt für diesen Sonntag schief. Bjørn findet es trotzdem lustig. Sein Vater amüsiert sich still im Hintergrund.

Stundenlang Starten gespielt

Die Mutter überträgt ihren Trainingsstil auf ihre Kinder. Stundenlang sind sie gemeinsam auf dem Wasser, spielen Regattafahren, trainieren dabei spielerisch die wichtigsten Manöver und immer wieder die Startsequenz.

»Ihr Credo war, dass du dich optimal vorbereiten musst, dass du früh genug am Strand sein sollst, alles aufriggen und immer schön aufwärmen vorher und eben nicht eine halbe Stunde zu spät kommen. Sie hat immer gesagt: Wichtig ist eine gute Vorbereitung, und dann hast du gute Chancen, ein gutes Ergebnis hinzulegen. Das war das Wertvollste, das sie mir beim Surfen beigebracht hat.«

Beständig liegen Bojen draußen vor der eigenen Surfschule. Und wenn die Kinder von der Schule nach Hause kommen, sind sie sofort auf dem Wasser, jagen ein paar Schläge hin und her und sammeln sich immer wieder vor den Bojen. Stundenlang üben sie die unterschiedlichen Startpositionen, lassen sich von der Mutter die Zeit bis zum Start hinunterzählen, drei Minuten, eine Minute, eine halbe Minute, zehn Sekunden, Start. Das Manöver muss wie im Schlaf funktionieren. Vorher sind weder Ulla noch Bjørn zufrieden. »Wenn du nicht perfekt starten kannst«, schärft die Mutter Bjørn ein, »kannst du alles sofort vergessen.« Auch Ulla übt stundenlang. Und währenddessen heizt der Vater in Höchstgeschwindigkeit hin und her. So kann Bjørn sich mit beiden messen. Die Mutter versucht er in der Startprozedur zu schlagen, den Vater in der Geschwindigkeit. Zurück am Strand, erklärt die Mutter immer wieder, dass der Start und der erste Schlag hinüber zur ersten Tonne das Wichtigste seien. Und wieder geht es hinaus, wieder drei, vier, fünf, sechs Starts. Wieder drei, vier, fünf, sechs erste Längen hinüber zur ersten Boje. In Höchstgeschwindigkeit, mit größter Anstrengung und Spaß erlangt Bjørn dabei Sicherheit. Das Starten und die ersten Minuten nach dem Start werden für ihn zur Routine.

Vorbereitung ist alles

Und noch etwas lernt Bjørn von seiner Mutter. Dass der Wettkampf nicht erst an der Startlinie beginnt. Ulla gewinnt ihre Regatten nicht zufällig. Sie weist Bjørn ein, dass er schon lange vor dem Wettkampf die wichtigsten Weichen stellen muss. Das richtige Material ist wichtig. Alles muss getestet sein, »alles muss klipp und klar in Ordnung sein«, wie sie zu sagen pflegt. Sie schärft ihm ein, immer rechtzeitig vor Ort zu sein, zeigt ihm, welches Material am besten zu den Windverhältnissen passt. Sie besteht darauf, dass er ausgeschlafen an den Start geht und sich auf alle Details einstellt, bevor das Rennen beginnt. Sie will, dass er weiß, wer seine Konkurrenten sind, zeigt ihm die tausend Sachen, auf die es ankommt, um zu gewinnen. Jeden Morgen vor dem Rennen ist sie die Erste, die mit ihm draußen ist, fährt mit ihm den Kurs ab, zeigt ihm, wie er die Bojen am besten anfahren soll, macht ihn auf die Leinen aufmerksam, die von den Bojen weggehen und zu gefährlichen Stolperfallen werden können. »Wenn du nicht all diese Sachen beachtest«, wiederholt sie regelmäßig, »wirst du nicht dazugehören. Du wirst irgendwo im hinteren Teil des Feldes landen.« Bjørn beachtet alle Details. Sein Training sitzt perfekt. Es wird sich lohnen.

Bjørn wird skeptischer

Sehr schnell beobachtet die Mutter eine Entwicklung, die Bjørn über viele Jahre lang begleiten wird. Neid kommt auf, wenn ihr Junge gewinnt. Konkurrenten, die doppelt und dreimal so alt sind wie er, können es nicht ertragen, wenn sie von dem Dreikäsehoch geschlagen werden. Sie ertragen es nicht, wenn Bjørn die ganze Aufmerksamkeit bekommt und sie links liegen gelassen werden. Sie sprechen kaum mit ihm, lassen ihn einfach eiskalt stehen. Ulla bemerkt, dass Bjørn beginnt, sich eine härtere Schale zuzulegen, um nicht mehr so leicht verletzt werden zu können. Er, der sonst

> Keiner spielt so viel mit dem Brett wie Bjørn

»El Niño«, das Windsurfkind | 81

so offen und mit großer Leichtigkeit auf Menschen zugeht, wird ihnen gegenüber immer skeptischer.

»Ich habe ein paar Mal als Junge geweint, als die Erwachsenen mich ausgetrickst haben mit Protesten, bei denen eigentlich nichts gestimmt hat. Da bin ich manchmal sentimental geworden. Aber das nur in ganz früher Kindheit, in den Anfangsjahren. Ein paar Mal haben einige einen Einspruch erfunden und mich hinausgeschmissen, damit der kleine Dunki nicht Erster ist, sondern nur Vierter. Denen hat das nicht gefallen, dass ein 14-Jähriger die Männer geschlagen hat. Das war den Herren nicht so angenehm. Als es um die Qualifikation für die Spanischen Meisterschaften ging, haben sie sich selbst die Fahrkarten mit so einem Einspruch geschenkt. Und das ist öfter passiert. Auch bei Long Distance zum Beispiel. Ich bin als Erster um die Tonne rumgefahren, die weit vor der Insel lag, und alle anderen haben hinter mir den Kurs abgeschnitten und sind nicht um die Tonne, sondern direkt am Riff vorbei. Dann haben sie nachträglich die Tonne aus dem Rennplan genommen, gesagt, dass sie gar nicht zum Kurs dazugehört hatte. Und solche Geschichten sind immer wieder passiert.«

Bei der Ausscheidung für die Kanarischen Meisterschaften gewinnt Bjørn die Leichtgewichtsklasse. Er fährt ganz hervorragend. Die Mutter ist stolz, der Vater begeistert. Bjørn ist stolz und begeistert zugleich, die Konkurrenten hingegen sind es ganz und gar nicht. Am Ende des Wettkampfes legen sie Einspruch ein, behaupten, dass Bjørn eigentlich gar nicht in ihrer Klasse mitgefahren sei. Bjørn sei noch nicht 18, müsse also in der Jugendklasse fahren, die es allerdings gar nicht gegeben hat. Also erfinden sie schnell eine Jugendklasse, legen diese dem Ergebnis bei und erklären Bjørn zum Sieger der Junioren. Aus der Siegerliste der Leichtgewichtsklasse wird Bjørn herausgenommen, ein anderer zum Sieger erklärt. Dieser gewinnt eine wunderschöne Reise auf das Festland. Bjørn erscheint nicht zur Preisverleihung, lässt den Pokal für den ersten Platz bei den Junioren unabgeholt stehen. Er will das Scheißding nicht, wie er sich ausdrückt, ist stinksauer auf die Erwachsenen, denen offensichtlich nicht zu trauen ist. Diese Erfahrung vergisst er nie.

Robby vergisst das Brett

Und noch eine andere berühmte Geschichte passiert ganz früh in Bjørns Karriere, genau genommen beim Pre-Worldcup auf Fuerteventura. Robby Naish, der bis dahin zweifels-ohne bekannteste und beste Windsurfer, wurde zum Auslöser dieser Geschichte. Bjørn hatte Robby im Jahr davor kennengelernt, als dieser anlässlich einer Markenweltmeisterschaft auf die Kanarischen Inseln, nach Fuerteventura, gekommen war. Robby war durchaus angetan von dem kleinen Dunkerbeck, von dessen Stil und Ambition. Deshalb versprach er ihm auch, das nächste Mal, wenn er auf die Insel kommen würde, ein Brett mitzubringen, das er speziell nur für Bjørn auswählen würde. Dann ist der Moment gekommen. Robby bringt das Brett mit auf die Insel, muss dort aber erkennen, dass Peter Brockhaus den kleinen Jungen bereits für F2, eine andere Firma als die seine, unter Vertrag genommen hatte, und entscheidet daher, das Brett wieder mitzunehmen. Für Bjørn, dem Sponsorenverträge und ähnliche Dinge noch völlig fremd sind, ist dieses Verhalten nicht nachvollziehbar. Er hat den Eindruck, Robby habe einfach vergessen, ihm bei seiner Abreise das Brett zu geben und sei wortlos abgeflogen. Und dann sagt Bjørn den berühmten Satz, der immer wieder zitiert wurde: »Everytime I'll see him, I'll beat him!« – »Jedes Mal, wenn ich ihn sehe, werde ich ihn schlagen!«

Heute erinnert sich Bjørn daran, dass er sehr enttäuscht war, da er einfach nicht verstehen konnte, warum Robby das getan hatte. In den Jahren darauf haben Robby und Bjørn immer wieder über diesen Vorfall gesprochen und viel darüber gelacht. Jetzt, da sie Freunde sind, bedeutet diese kleine Episode nichts mehr für die beiden. Aber damals, als kleiner Junge war Bjørn einfach unendlich beleidigt.

»EL NIÑO« MACHT KARRIERE

Vom Mund abgespart

Die Erfolge von Bjørn werden rasch größer, die Rennplätze immer schwieriger zu erreichen. Das Geld bleibt knapp. Zumal die Eltern zwei erfolgreiche Kinder haben und Britt Dunkerbeck gemeinsam mit Bjørn eine vielversprechende Windsurfkarriere anstrebt. Um zu diversen Rennen fahren zu können, nehmen die Eltern das Geld aus der Surfschule, nur so können sie sich die Wettkämpfe überhaupt leisten. Das gesamte Material muss mit Linienflügen, zumeist mit Iberia, transportiert werden. Über Barcelona oder Madrid nach Hamburg. Einmal fliegt Eugen mit Britt allein an den Gardasee. Ulla bleibt zurück in der Surfschule, da sie es sich nicht leisten können, die Kurse abzusagen. Ulla, die weiß, dass Eugen zudem den gesamten Kasseninhalt aus der Surfschule mitnehmen muss, hat selbst nicht eine einzige Peseta in der Tasche. Wären am nächsten Tagen keine Leute in die Surfschule gekommen, hätte sie nicht einmal gewusst, wovon sie hätte einkaufen gehen können.

Die ersten Sponsoren

Während all der Monate und Jahre, die Bjørn und Britt auf dem Wasser sind, denken die Eltern nie daran, dass die beiden eines Tages professionell windsurfen würden. Lange Zeit ahnen sie nicht, dass die beiden jemals für das, was ihnen so viel Spaß macht, Geld bekommen sollten; Geld, um ihren Lieblingssport an den schönsten Plätzen der Welt ausüben zu können. Sie hätten dennoch alles noch einmal genauso gemacht, auch wenn sie nie einen Sponsor gefunden hätten. Sie hätten diesen Sport mit der gleichen Liebe, Hingabe und Begeisterung ausgeübt und die Erfolge in der Regatta angestrebt. Doch das Blatt sollte sich wenden. Lange Zeit hatten sie Mistral-Bretter in ihrer Surfschule. Mit dem ersten Funboard, das F2 herausbrachte, ändert sich alles. Peter Brockhaus, Inhaber von F2, bringt gemeinsam mit Otto Schwenk, dem Geschäftsführer von F2, die ersten Bretter zu Eugens Surfschule auf Gran Canaria. Brockhaus erkennt sofort, welches Potenzial in dem kleinen Jungen steckt, der da vor der Surfschule auf und ab düst. Er lädt Bjørn ein, nach Sylt zu kommen, um an einer Regatta teilzunehmen. Bjørn ist begeistert, die Eltern auch. Nach der ersten Euphorie kommen Bedenken. Die Eltern können die Surfschule nicht verlassen, können Bjørn nicht begleiten. Also holt Peter Brockhaus den Jungen vom Münchener Flughafen ab, setzt ihn in den Zug und schickt ihn nach Sylt, wo er von Jürgen Höhnscheid aufgenommen und betreut wird, dem erfolgreichsten deutschen Surfer, der in Peter Brockhaus' Team der uneingeschränkte Star war. Noch.

Der Spaß steht im Vordergrund

Auf Sylt fällt Bjørn nun zum ersten Mal international auf. Noch nicht so sehr durch seine Erfolge, aber durch seine grenzenlose und bedingungslose Begeisterung für den Sport. Es dauert ihm einfach viel zu lange, bis er im Slalomrennen wieder an der Reihe ist, er kann es kaum erwarten, dass sein Start für die nächste Ausscheidungsrunde aufgerufen wird. Während sich die anderen Teilnehmer am Strand ausruhen, läuft Bjørn unruhig hin und her, nimmt immer wieder sein Material und fährt hinaus, nicht so sehr, um etwas auszuprobieren, sondern vielmehr, um Spaß zu haben. Und als die Regatta endlich vorüber ist, alle müde und erschöpft sind, sagt Bjørn nur: »Endlich kann ich wieder in Ruhe surfen und springen gehen.«

Bjørn überholt seinen Vater

Für den Vater kommt die große Wende, als sich Vater und Sohn für die Europameisterschaft in Zandvoort qualifizieren und dort gemeinsam antreten. Während Eugen bei auflandigem Wind nicht einmal vom Ufer wegkommt, weil ihn die brechenden Wellen immer wieder erfassen und zurückdrücken, fährt Bjørn ein hervorragendes Rennen und wird Dritter. Bjørn hat seinem Vater den Rang abgelaufen. Bjørn wird zum Worldcup in Scheveningen eingeladen, der Vater fährt nur noch als Betreuer zu diesem Rennen mit. Die Eltern geben Bjørn alles, was ihnen möglich ist, damit er erfolgreich werden kann.

Bjørns bester Freund: Vater Eugen

Die finanzielle Belastung wird größer

Noch aber haben die Eltern keinen Überblick darüber, was es bedeutet, Profisportler im Windsurfen zu sein. Zunächst freuen sie sich, dass Bjørn seinen Lieblingssport auch an anderen Plätzen in der Welt ausüben kann. Abwechselnd begleiten sie ihn zu den Rennen; ihr Leben wird unstet. Beinahe jedes Wochenende fahren sie nun an einen anderen Ort, bringen den Jungen dahin und dorthin. Noch genießen sie es. Ein Jahr am Meer und an den unterschiedlichen Veranstaltungsorten zu sein, macht Spaß, ihnen und vor allem ihrem Bjørn, denken sie. Sie sagen sich, dieses eine Jahr ist in Ordnung, das nächste Jahr wird dann wieder ruhiger, da können wir wieder häufiger zu Hause bleiben. Doch die Erfolgsserie reißt nicht ab. Bjørn wird immer besser, immer gefragter, fährt zu mehr und mehr Rennen, ist immer öfter an immer mehr Plätzen. Zwar nabelt sich der Junge dabei auch stärker von den Eltern ab, doch es bleiben genug Dinge übrig, die nur sie für ihn erledigen können. Sie müssen auf fast alles verzichten, das sie gerne tun würden. Fernsehauftritte häufen sich, Einladungen zu Eröffnungen werden zur Normalität, Interviews für Zeitungen, Magazine, Lokalsender werden zur Routine. Die Eltern beginnen, den Jungen vor dem Druck der Promotion zu schützen. Ulla sieht darin ganz speziell ihre Aufgabe. Sie will, dass sich ihr Junge auf den Sport konzentrieren kann und auf all die Dinge, auf die er sonst noch Lust hat, um seine Kindheit zu genießen.

Auch Schwester Britt war mehrmalige Windsurf-weltmeisterin

Rascher Erfolg

Schon sehr bald erscheinen die ersten Artikel über Bjørn in den Zeitungen und Magazinen, und als er beim Welt-cup auftaucht, kennen ihn die anderen Fahrer bereits aus den Berichten. Alles geht so rasend schnell, dass Bjørn eigentlich gar keine Zeit hat, vor großen Namen eine besondere Ehrfurcht zu entwickeln oder sich an der Start-linie von irgendjemandem beeindrucken zu lassen.

»Ich kann nicht fotografieren, weil Wind ist«

Als Bjørn mit 15 Jahren endgültig in den Weltcup einsteigt, ist die Zeit von »El Niño« vorbei. Die Rennen werden zu seinem Le-bensinhalt. Für die Eltern ist es der Abschied von ihrem kleinen Jungen. Der Junge ist nun rund zehn Monate im Jahr unterwegs.

Wenn Bjørn von seinen Reisen zurückkommt, erzählt er gar nichts. Nichts vom Land, nichts von den Leuten, nichts von den Erlebnissen, die er hatte. Also entscheidet Ulla, dass sie ihm wenigstens eine Ka-mera mitgibt, wohlweislich schon einen Film eingelegt, um zumindest ein paar Fotos von den Orten zu haben, an die ihr Sohn reist. »Wenn du mir schon nichts erzählst«, sagt sie, »kannst du mir wenigstens ein paar Bilder mitbringen.« Als Bjørn die Kamera von seiner ersten großen Reise nach Australien zu-rückbringt, sind bis auf zwei Fotos wirklich alle Bilder verbraucht. Rasch werden die Fotos ent-wickelt, und Ulla holt sie voller Vorfreude ab. Zwei Bilder von einem Strand sind zu sehen, die nächsten 34 Bilder zeigen Kängurus. »Hey, Bjørn, wo hast du gesurft? Hier auf den beiden Fo-tos mit dem Strand ist ja nicht einmal ein Segel zu sehen oder irgendetwas, das mit dem Wind-surfen zu tun hat. Und der Rest sind Kängurus.« Bjørns Antwort: »Das geht doch nicht anders. Wie soll ich denn fotografieren, wenn Wind ist. Da muss ich doch windsurfen.«

Die Eltern begleiten Bjørn nur noch selten

Eines der ersten Rennen im Weltcup ist das berühmt-berüchtigte Zandvoort-Rennen. Bjørn schlägt sich zur Überraschung aller hervorragend. Jahre später werden ähnliche Bedingungen so richtig zeigen, woran es liegt, dass Bjørn die uneingeschränkte Nummer eins werden konnte. Diesmal ist Ulla mit ihrem Sohn gereist, um ihn zu erleben. Es kommt brutal viel Wind auf. Die meisten Gegner, die draußen sind, schaffen es gerade noch, nach dem Rennen hereinzukommen. Fünf Rennen werden an diesem Tag gefahren. Der Wind ist so stark, dass selbst die kleinsten Segel kaum zu halten sind. Für Bjørn ist gerade das ideal. Er gewinnt alle Rennen mit enormem Abstand auf eine saubere, ganz, ganz saubere Art und Weise, wie die Mutter immer wieder stolz berichtet. Selbst für sie ist es unglaublich, wie souverän und sicher Bjørn den ganzen Tag lang durchgehalten hat, seine Konsequenz, seine Ausdauer, sein Siegeswille. Was sie nicht sagt, ist, dass all dies genau die Eigenschaften sind, die er von ihr gelernt hat.

Bjørn hört auf, »El Niño« zu sein

Als Bjørn im ersten Jahr Siebter im Worldcup wird, sind die Eltern noch sehr überrascht. Nachdem er im zweiten Jahr seiner Worldcupkarriere Zweiter wird, ist der erste Weltmeistertitel, den Bjørn im Jahr darauf erreicht, bereits keine Überraschung mehr. Die Party im Hause Dunkerbeck zum Sieg ihres Sohnes ist klein und zurückhaltend, ganz dem Lebensstil der Familie entsprechend. Außer den Eltern ist nur Klaus da, mit dem sie gemeinsam eine Flasche Champagner öffnen. Jener Klaus, mit dem Bjørn, als er noch klein war, immer nach Pozo gefahren ist.

»El Niño«, das Windsurfkind

Kapitel 5

TERMINATOR, PROFI, SUPERSTAR

Bjørn hat in seiner Karriere zwölfmal den Titel des PWA Race World Champion geholt. Auf den folgenden Seiten gibt er persönliche Einblicke über den Beginn seiner Karriere und über seine ersten gewonnenen Rennen. Er kommentiert die häufigsten »Mythen«, die über seine Rennerfolge im Umlauf sind, und gibt zudem viele Tipps, wie er seine Rennen vorbereitet, was einen idealen Start ausmacht, welches Trainingspensum für ihn normal ist, wie er Partys feiert, wie der Alltag eines Profis aussieht und wie er sein Image als Terminator selbst einschätzt. Dieses Kapitel zeigt das gesamte Spektrum seiner Karriere, seiner Erfolge, seiner Methoden, seines Materials und seiner Geheimnisse.

BJØRN ÜBER SEINEN EINSTIEG IN DEN PWA-ZIRKUS

Im richtigen Moment

Ich habe sehr viel Glück gehabt, dass ich im richtigen Moment gut geworden bin, dass ich im richtigen Moment von Peter Brockhaus für F2 entdeckt worden und in das F2 Worldcupteam gekommen bin. Das alles in einer Zeit, in der die meisten Windsurfbretter verkauft wurden, in der also das meiste Geld vorhanden war. Und die zehn Jahre darauf waren jene Jahre, in denen sich das Material und die Fahrtechnik sehr stark weiterentwickelt haben. Also eine absolut spannende Zeit.

Der erste Schritt

Dass ich Profisurfer geworden bin, ist eigentlich viel früher passiert, als ich gedacht hatte. Wir hatten alle viel Spaß am Windsurfen. Und dann ist mein Vater als Teilnehmer beim Eurocup mitgefahren und ich halt auch, weil er mich mitgenommen hat. Das war im Jahr 1984. F2 hat mich dafür als Nachwuchsfahrer eingeladen, damit ich einen Startplatz bekommen konnte.

Zu der Zeit war ich gerade mit der Schule fertig, und meine Eltern haben gesagt, dass ich das mit dem Surfen ja einmal ein Jahr lang ausprobieren kann. Wenn es gut geht, dann mach ich halt weiter, und wenn nicht, dann geh ich auf die weiterführende Schule. Und das hat besser geklappt, als irgendjemand sich das vorgestellt hatte. Ich selbst hätte das auch nicht gedacht. An so etwas kannst du auch nicht denken. Das kam dann eher überraschend: Hey, das funktioniert.

Der Beginn der Karriere

Begonnen hat alles mit der Qualifikation für den Eurocup 84, mit dem Rennen in Holland, in Zandvoort, bei dem ich Zweiter geworden bin. Dabei fiel der Fokus auf mich, weil ich sehr jung und sehr klein war und trotzdem ganz vorne lag. Ich hatte das große Glück, dass die Bedingungen genauso waren wie bei mir zu Hause in Pozo, also ziemlich schwierig, ziemlich hohe Wellen. Die meisten der Fahrer sind gar nicht hinausgekommen und sind schon im Beachbreak hängen geblieben.

1985 bin ich zum Europacup nach Scheveningen gefahren und Fünfter geworden. Da war ich 15 Jahre alt. Ich kann mich noch genau erinnern, dass ich mich in meinem Heat im Waveriding einfach mit Vollgas hinausgelassen habe und den Maui Mayer im direkten

Vergleich schlagen konnte. Das hat ihm natürlich auch imponiert, dass ihn ein 15-Jähriger geschlagen hat. Mein Glück war wieder, dass es Bedingungen wie in Pozo gab.

Im Jahr darauf, 1986, bin ich drei Rennen gefahren: auf Sylt, in Holland und in Frankreich. Als Training sozusagen. Und 1996 war es bereits die volle Tour. So schnell konnte ich gar nicht schauen, da war ich im Worldcup drinnen und dabei erst 16 Jahre alt. Am Jahresende hatte ich immerhin den siebten Platz in der Gesamtwertung erreicht.

1987 bin ich dann Zweiter hinter Robby Naish geworden. Und 1988 habe ich zum ersten Mal den Overall-Gesamttitel gewonnen. Da war ich 18 Jahre alt am Anfang der Tour und 19 am Ende der Tour. Das habe ich dann zwölf Jahre lang durchgezogen.

Bjørns erster und zweiter Sieg

Das erste Mal, als ich ein Einzelrennen gewonnen habe, war 1987 in San Francisco. Und dann gleich das Slalom- und das Kursrennen. San Francisco war wieder eines dieser schwierigen Rennen mit ziemlich starkem Wind und unter schwierigen Bedingungen. Die haben den gesamten Contest bestimmt, und anscheinend konnte ich das besser als die meisten anderen. Das war auch der Grund, warum ich da gewonnen habe. Mir war es damals schon gleichgültig, ob es viel Welle hat oder Kabbelwasser. Ich bin trotzdem fast Vollgas durchgejagt. Die anderen allerdings nicht. Ich habe damals schon mit Boardspeed Rennen gewonnen, habe nicht ganz so viel Taktik gehabt wie die etwas Älteren; aber wenn ein paar Wellen kamen, bin ich trotzdem mit Vollgas drübergefahren, und viele anderen haben eben das Segel aufgemacht. Daran kann ich mich noch gut erinnern. Aber es ist mir erst viel später aufgefallen, dass die anderen eigentlich gebremst haben.

Den Doppelsieg mit Slalom- und Kursrennen habe ich noch einmal geschafft, im gleichen Jahr in Kuala Lumpur. Von dem Moment an habe ich natürlich schon gedacht, es ist relativ einfach gegangen bis hierher. Ich muss jetzt noch ein bisschen besser fokussieren, ein bisschen präziser trainieren, und nächstes Jahr ziehe ich sie dann ab. So war's dann auch.

Die ersten 1 000 Tage

In den ersten drei Jahren war alles aufregend, und jeden Tag war etwas Überraschendes dabei. Zum ersten Mal San Francisco, dann zum Gorge, um auf dem Fluss zu surfen, direkt im Anschluss ging's nach Hawaii, zuerst auf Oahu und dann hinüber nach Maui. Noch im gleichen Jahr nach Antigua zum Fotoshooting, danach direkt nach Australien und noch nach Südafrika. Ich weiß gar nicht, wie das gegangen ist. Da waren sehr viele Emotionen unterwegs in mir und mit mir. Ich hab auf einmal meine Shorts auf Hawaii gekauft, in Australien und noch im gleichen Jahr in Südafrika. Jeder Tag war ein Wahnsinn. Jeden Tag zu windsurfen in anderen Wind- und Wellenbedingungen mit immer anderen Leuten.

Parallel dazu hab ich mit 17 Jahren den Führerschein gemacht, und mit 18 hab ich ihn zugeschickt bekommen nach Südafrika. Irgendwann zwischendurch bin ich mit dem Bus nach Las Palmas gefahren, hab das halbe Prüfungsvorbereitungsbuch gelesen und bin das erste Mal durchgefallen, weil ich nur bis zur Hälfte gekommen bin mit dem Buch. Eine Woche später bin ich noch mal hingefahren, hab die zweite Hälfte gelesen und die Prüfung bestanden. Wieder eine Woche später habe ich den praktischen Prüfungsteil erledigt und bin gleich darauf nach Sylt zum Weltcup geflogen und weiter nach Holland, Frankreich und letztlich nach Südafrika. Dorthin hat mir meine Mutter das Papier hinterhergeschickt.

MYTHEN ÜBER BJØRNS ERFOLGE

Bjørn hat am Beginn seiner Karriere nur Jagd auf Robby Naish gemacht

Auf jeden Fall war ich stolz nach dem ersten Sieg über Robby. Und gedacht habe ich mir: Passt schon, geht so. Das machen wir jetzt weiter. Aber ich habe keinen gejagt, weder Robby noch sonst jemanden. Am Anfang bin ich so gut gefahren wie ich konnte und war erstaunt, wie weit vorne ich lag. Ich hatte ja keinen Weltcupvergleich davor gehabt, ich hatte nur den Vergleich auf den Kanaren. Eugen, mein Vater, war damals noch wesentlich schneller als ich. Er war meine Messlatte. Ihn habe ich versucht zu überholen, was ich bis zu meinem 18. Lebensjahr nicht geschafft habe. Selbst als ich das erste Mal Weltmeister war, war er immer noch schneller – aber eben nur auf der Geradeausstrecke.

Bjørn hat aus dem Nichts heraus alle Wettbewerbe gewonnen

Meine Erfolge im Worldcup kamen nicht aus dem Nichts. Vor dem Worldcup bin ich die Windsurferklasse, die Markenmeisterschaft, gefahren, war oft Kanarischer Meister in der Division 2, also mit klassischen Regattabrettern, und das nicht als Junior, sondern in der Open Class. Mit 15, 16, 17 habe ich also bereits Erfahrungen in meiner Division 2 gesammelt. Und ich habe diese Regatten fast alle gewonnen. Zudem habe ich fast alle spanischen Regatten, die auf Funboard gefahren worden sind, gewonnen. Ich hatte vor dem Worldcup schon 100 Regatten bestritten, bevor ich zu meinem ersten Weltcuprennen gefahren bin. Die wichtigen Erfahrungen, wie die Starts taktisch ablaufen und auch die taktischen Möglichkeiten, hatte ich schon in den 100 Rennen davor aufgebaut.

Es ist nicht zu erklären, warum Bjørn so viel schneller war als die anderen

Als ich in den Worldcup eingestiegen bin, habe ich gute Plätze erreicht, bin aber nicht aufs Treppchen gefahren. Der Grund: Ich war am Anfang einfach nicht schnell. Ich war zwar ein guter Windsurfer, aber ich war körperlich klein und deshalb nicht schnell – im Vergleich gesehen. Schnell war ich natürlich schon, aber ich war eben nicht der Schnellste. Bis zum Alter von 21, 22 war ich nicht der Schnellste. Erst dann habe ich die gesamte Fahrtechnik mit zunehmendem Körpergewicht und zunehmender Körperkraft einsetzen können. Und von dem Moment an war ich viel schneller als alle anderen. In den Jahren 1988 bis 1995 habe ich 20 Kilogramm Körpergewicht zugenommen, davon zehn Kilo in einem Jahr. Die anderen waren allerdings schon so schwer, wie sie es eben waren, sind nicht mehr schwerer geworden und deshalb nicht mehr schneller.

Bjørn kann man nur bei Leichtwind schlagen

In den ersten beiden Jahren hatte ich viel Glück, weil sehr oft extreme Bedingungen geherrscht haben. Ob auf Sylt, in Holland oder in Frankreich. Ich kann mich gut erinnern, dass ich mit 16 Jahren Dritter in einem Slalom geworden bin, an einem Tag, an dem die Wellen Masthöhe erreichten. Klar, für mich war das geil, ein geiles Segel, große Wellen und auf geht's! Spaß macht's! Und Vollgas! Und alle anderen haben diese Bedingungen nicht so gerne gemocht und nicht so gut gekonnt. Hätte es jedes Mal drei bis vier Windstärken gehabt,

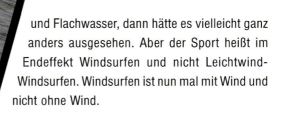

Regatta pur

und Flachwasser, dann hätte es vielleicht ganz anders ausgesehen. Aber der Sport heißt im Endeffekt Windsurfen und nicht Leichtwind-Windsurfen. Windsurfen ist nun mal mit Wind und nicht ohne Wind.

Bjørn kam die Entwicklung der neuen Bretter sehr entgegen

Die Veränderung der Raceboards hat den Spaßfaktor dramatisch erhöht. Zu Beginn meiner Karriere waren wir im Racing mit Schwertbrettern unterwegs, die riesig waren, so an die vier Meter lang. Du bist die Kreuz mit ausgeklapptem Schwert hochgezogen, und dabei war viel, sehr viel Taktik angesagt – und das bei wenig Geschwindigkeit. 1988 und 1989 haben sich die Kursslalombretter durchgesetzt, die viel schneller liefen auf den raumen Winkeln, die wesentlich leichter zu halsen waren an den Halsentonnen und die mit harten Kanten und guten Finnen sehr gute Höhe gelaufen sind. Damit haben wir einen Stil entwickelt, der uns schneller die Kreuz hinaufgebracht hat, weil wir einen flacheren Winkel gefahren sind, dafür aber dreimal so schnell. Die Kursrennbretter mit Schwert hatten in kürzester Zeit null Chancen gehabt, egal, ob die Kreuz nun fünf Kilometer lang war oder zehn. Je länger die Kreuz, umso weiter weg waren die Bretter mit Schwert.

Meine ersten Rennen in San Francisco und auf Guadeloupe habe ich noch auf einem Brett mit Schwert gewonnen. Aber im gleichen Jahr haben schon die neuen Bretter Furore gemacht. Die Rennen waren schneller, es hat mehr Spaß gemacht, und für den Sport war es ein Riesenschritt nach vorne. Für mich ohnehin, weil ich sowieso einer war, der lieber schnell unterwegs war als langsam, und ich hatte ganz und gar nichts dagegen, diese 3-Meter-90-Bretter nicht mehr mitkarren zu müssen.

Als Jugendlicher hatte ich auf den Kanaren ein paar Mal mit einem Slalombrett ein Kursrennen gefahren, weil mir das zu blöd war, mit den Schwertbrettern durch die Gegend zu fahren, aber da war die Konkurrenz natürlich nicht so hart. Der Erste, der das im Weltcup eingesetzt hat, war der Eric Thieme, Mitte 1988 auf Teneriffa, an einem Tag, an dem sehr viel Wind aufgekommen war. Da hat er mit Slalombrettern die Kursrennen absolviert und einige Rennen gewonnen. Dann kamen andere, die es probiert haben, und dann sind wir alle rasch umgestiegen, letztlich dann sowohl bei Starkwind als auch bei Leichtwind. Im Jahr drauf waren die Bretter mit Schwert verloren gegangen. Die Surffirmen hatten sie einfach nicht mehr produziert.

Die anderen Fahrer haben sich auf Einzeldisziplinen spezialisiert, weil sie gegen Bjørn im Overall keine Chance hatten

Die nächste, ganz große Veränderung in den Kursrennen und den Slalomrennen kam mit der Spezialisierung der Worldcupfahrer auf die eine oder die andere Disziplin gegen Ende der 90er-Jahre. In den Jahren 1986 bis 1996 ist jeder, der im Weltcup gefahren ist, automatisch Welle, Slalom und Kursrennen gefahren. Danach sind die Spezialisten aufgekommen, die gesagt haben, im Kursrennen habe ich ohnedies keine Chance, im Slalom auch nicht, also fahre ich nur noch Welle, und dort versuche ich, ganz oben mit dabei zu sein. Und genau so erging es den Racern, die gesagt haben, dass sie zwar gerne Welle fahren wollen, aber ebenfalls keine Chance haben und sich daraufhin voll auf Slalom und Kursrennen spezialisiert haben. Warum, so haben sie sich gedacht, soll ich um den 15. oder 20. Platz in der Welle mitfahren, wenn es mir Zeit und Energie nimmt. Und so haben immer mehr gedacht. Die Spezialisten wurden immer mehr, die Leistungsdichte wurde immer höher. In allen Disziplinen. Umso wichtiger waren mir die Siege im Jahr 1999, als ich Overall, Race und Wave gewonnen habe.

Wenn Bjørn bei einem Rennen antritt, gewinnt er es auch

Eines war mir immer klar: Wenn ich zum Contest gehe, dann gehe ich hin zum Gewinnen. Das habe ich auch gemacht. Ich war darauf vorbereitet, und wenn ich nicht gewonnen habe, dann haben mich die Journalisten immer gefragt: Was ist schief gegangen? Und ich war dann am nächsten Tag mit dem Kopf klar da und habe meist wieder gewonnen.

Als erster Europäer gewinnt Bjørn die Aloha Classics

Bjørn ist der König des Sloloms

Es gibt Jahre, da sind wir zehn Slaloms gefahren, und ich habe zehn Slaloms gewonnen. Das ist richtig. Aber ich habe auch zehn Jahre lang den Aruba Cup (Waveriding) gewonnen, zum Beispiel. So einseitig sehe ich das nicht.

Bjørn, der Terminator

Das haben sich Leute ausgedacht, die nichts gewusst haben von mir. Die haben versucht, irgendwas zu schreiben, das es so nicht gab. Warum sie das gemacht haben? Die haben sich gesagt: Den kennen wir nicht, der schaut groß und blond aus und gewinnt alles. Noch dazu war es die Zeit, in der sie den *Terminator*-Film herausgebracht haben. Und dann hatte irgendein närrischer Mensch in den Neunzigern die Idee, mich so zu nennen. Das ist aber auch nur ein paar Jahre so geblieben.

Der finale Materialcheck findet am Strand statt

Bjørn war unschlagbar

Klar, wenn du oft gewinnst, dann heißt es gleich, er ist überlegen, er kann sowieso alles viel besser. Aber oft war es ganz knapp. Das hat dann keiner mehr gesehen. Das ist wie in der Formel 1 zu Zeiten von Michael Schumacher. Dreimal hat Schumacher gewonnen und das vierte Mal auch. Und ob er jetzt mit einer halben Sekunde Vorsprung gewonnen hat oder mit zwei Minuten, das vergisst man relativ schnell. Und ich war eben vier Jahre lang in den meisten Rennen vorne. Ich kann mich auch nicht erinnern, wie viele Male und wie oft ich einzelne Rennen oder Ausscheidungen gewonnen habe, aber es waren dann gleich einmal fünf Jahre des Racing-Titels in Folge. Und 33 verschiedene Weltmeistertitel in den Jahren und ungefähr 15 zweite Plätze in den diversen Disziplinen. Das ist wahrscheinlich der Hauptgrund gewesen, weshalb ich diesen Ruf hatte.

Bjørns Erfolge werden nie mehr wiederholbar sein

Die Leistungsdichte ist in allen Disziplinen größer geworden, härter, präziser. Vor 15 Jahren gab es drei, vier Hauptkonkurrenten. Vorne waren die sehr guten Windsurfer, dann gab's ein

Loch, und danach kam der Rest. Du konntest dir einen schlechten Start leisten und bist trotzdem weitergekommen. Heute fabrizierst du einen schlechten Start im ersten Heat und bist draußen. Wenn du einmal ausrutschst beim Slalom, ist es vorbei, ganz gleich, ob beim ersten Heat, beim zweiten oder beim dritten Heat. Du musst jedes Mal voll dabei sein.

Es ist jedes Jahr dichter und dichter geworden. Je mehr nationale Kader es gab, je mehr Weltcups es in den unterschiedlichen Ländern und Regionen gab, umso mehr haben auch die anderen dazugelernt.

In den taktischen Rennen, also beim Racing und beim Slalom, bin ich als 17-Jähriger gleich voll mitgefahren, vor mehr als 20 Jahren. Wenn du heute nicht mindestens 25 bist und die volle Erfahrung mitbringst, dann sehe ich keine Chance, dass du unter die ersten zehn fährst.

Wenn du heute einen 17-Jährigen an den Start stellst, würde sich der dreimal im Kreis drehen und nicht verstehen, was los ist. Das hört sich hart an, aber es ist wirklich so. Als 17-Jähriger würde auch ich heute jedes Mal in der ersten Runde rausfliegen. So stark ist die Leistungsdichte. Sogar in den nationalen Kadern ist die Dichte unheimlich hoch. Allein bei den Franzosen sind drei Top Ten-Fahrer im Kader und beim Weltcup ebenso. In Südfrankreich, bei einem nationalen Contest, ist schon ein kleiner Weltcup angesagt.

Wenn du Weltmeister werden willst, kannst du es dir heute in den Einzeldisziplinen auf keinen Fall leisten, in allen Disziplinen anzutreten. Und du kannst von einem Freestyler auch nicht verlangen, dass er Kursrennen fährt. Der kommt sowieso nicht an. Wenn er im Slalom bei der ersten Tonne ist, sind die Übrigen schon im Ziel. Und wenn man mich heute zwingen würde, im Freestyle mitzufahren, dann wäre das lächerlich. Ich trainiere es deshalb auch nicht mehr. Und genau umgekehrt ist es bei den Freestylern auch.

Wie immer: Bjørn hat die Nase vorn

VORBEREITUNGEN AUF EINEN WETTKAMPFTAG

Ausgeschlafen in den Tag

Vor dem Wettkampf, ganz gleich ob Slalom, Welle, Long Distance oder Speed, ist die Vorbereitung immer ähnlich. Möglichst gut ausgeschlafen sein. Früh aufstehen, damit das Blut ein bisschen in Schwung kommt. Am besten eine Runde joggen gehen und die Muskeln und Sehnen dehnen. Das Frühstück sollte relativ leicht sein. Ich esse meistens Brötchen mit Käse und Schinken, Marmelade, Nutella, ein bisschen Ei, trinke Kaffee und ein bisschen Saft. Aber keine große Mengen davon. Nicht jeden Tag, aber sagen wir mal jeden zweiten, gibt's einen Joghurt mit Müsli und nur ganz wenig Milch. Joghurt ist okay. Lieber am Strand noch Früchte, zum Beispiel eine Banane, dazu Müsliriegel und vielleicht noch einen Joghurt zwischendurch. Erst nach dem Rennen wird richtig gegessen und dann schön und viel.

Früh draußen sein

Schauen, wie die Bedingungen sind, Interviews geben und ab zum Material, das der Caddie schon zum Strand gebracht hat, denn totes Gewicht herumzutragen, ist Zeitverschwendung. Lieber zehn Minuten länger aufwärmen. Den finalen Trimm natürlich selbst durchführen. Und dann geht es möglichst rasch raus aufs Wasser, möglichst früh draußen auf dem Kurs sein, bevor alles anfängt.

Wetterkarten, Strömungskarten, Gezeitenkarten

Wetterkarten und Wettervorhersagen hole ich mir von wetteronline.de oder windguru.de. Zudem ein paar andere von der Küstenwache in den USA und von der NASA. Damit sondierst du vor dem Wettkampf so gut wie möglich, gehst die Wettervorhersagen durch und triffst deine Entscheidungen. Ich hab noch ein paar Geheimkontakte, da hol ich zusätzliche Informationen ein, wie groß die Wahrscheinlichkeit ist, dass starker Wind aufkommt oder eben wenig Wind.

Der Champ zelebriert die Race Jibe

Damit stellst du dich auf die Contestwoche ein. Und wenn es sich zeitlich ausgeht, schau ich mir jeden Tag die Wetterkarten an und hol mir, wenn ich es für notwendig erachte, auch von meinen Kontakten die Informationen ein. Das meiste davon geht per E-Mail. Die Jungs vom Wetter sind fast immer online, und in zehn Minuten bekommst du deine Antwort. Oder du schickst ihnen deine Anfrage am Abend und hast spät am Abend oder früh am nächsten Morgen deine Antwort in der Mailbox. Die wichtigsten Informationen sind dabei der Verlauf der Windstärke über den Tag hinweg, ob es nun vormittags stärker pfeift, mittags oder nachmittags, und dann die Erwartung, in welchen Bereichen die Windstärke sich halten wird. Diese Informationen sind wichtig, weil du ja bei einem Slalom nur zwei Bretter anmelden darfst und vier Segel. Das machen deshalb auch alle. Es gibt keine Dummen. Die Dummen sind auf dem 30. Platz und dahinter.

Materialeinschränkungen

Die Regelung, dass man nur zwei Bretter anmelden darf, ist von den Euro-Amateurcups übernommen worden, um Chancengleichheit zu erreichen. In meinen Augen ist das ein Quatsch für den Weltcup. Hier soll eine gute Show für den Sport gezeigt werden. Es sind die besten Fahrer anwesend, und jeder von denen hat sowieso vier Bretter dabei. Dass sie die nicht fahren dürfen, ist Blödsinn. Da rennst du albern rum am Tag vor dem Rennen, schaust dir die Wetterkarten an und pokerst, was für ein Brett und welches Segel melde ich an und welches melde ich nicht an. Und die anderen fünf Segel und Bretter liegen in der Tasche, weil du sie beim nächsten Contest sowieso brauchst und deshalb immer dabeihast.

Skippers-Meeting

Das Skippers-Meeting ist am Tag vor dem Rennen. Der Racedirektor gibt die letzten kleinen Instruktionen raus, wie er den Kurs setzen möchte, dass er Fair Play haben möchte und keine Einwände. Top-Fahrer werden gerne gefragt, welchen Kurs oder Wettbewerb man fahren soll für die gerade vorherrschenden Bedingungen, damit alles möglichst schnell über die Bühne geht. Ob Downwind-Slalom, Achterkurs, eine Long Distance oder eben nicht.

Variation ist uns allen wichtig. Wir versuchen, jeden Slalom etwas anders zu stecken, damit eine gewisse Abwechslung für die Fahrer und die Zuschauer dabei ist. Und dann reden wir noch darüber, ob wir die Schläge länger oder kürzer machen sollten. Und ob wir mit 8, 16 oder 32 Fahrern starten, um die Bedingungen am besten zu nutzen.

Das passiert aber oft auch schon vor dem Contest, vor dem ersten Skippers-Meeting. Normalerweise werden für diese Punkte die fünf Fahrer gefragt, die im Fahrerkomitee sind.

Vorbereitungszeiten

Wenn der Start zum Beispiel um zehn Uhr ist, dann hast du spätestens um neun gecheckt, wie das Wasser ist, wie der Winkel des Windes ist, hast die Brett- und Segelwahl festgelegt, bist schon rausgefahren und hast dich ein bisschen warm gefahren. Wenn möglich, warst du davor schon ein bisschen joggen, hast das Blut in Schwung gebracht und alle Körperteile gedehnt.

Normalerweise fahren alle den Kurs ein paar Mal ab, du findest möglichst genau heraus, wie sich die Windrichtung über den Kursverlauf verhält, wie stark der Wind am Anfang des Kurses ist und ob er sich bis zum Ende des Kurses ändert. Und so Kleinigkeiten, ob es Kabbelwellen gibt oder ob der Kurs sauber ist und Ähnliches.

Konzentration

Ich kann mich relativ gut konzentrieren. Ich brauche meine Zeit, eine halbe, drei viertel Stunden vor dem Contest. Da habe ich keine Lust mehr, mit irgendjemandem zu reden. Ich konzentriere mich auf das, was ich mache, auf mein Material, auf die Bedingungen, auf mich selbst, auf den Contest.

Die Minuten vor dem Start

Ich geh raus, schau mir die Bedingungen an, surf ein paar Mal hin und her, mach mich warm, und dann schau ich, dass ich möglichst fehlerfrei durch den Start komme. Die Bedingungen sehen, spüren, fühlen. Wenn du das nicht machst, hast du schon mal einen Wackelkontakt. Weil du nicht sicher bist, was los ist, und dann hast du schon verloren.

Die Strecke vorab durchfahren

Ich fahr jede Strecke vor dem Rennen durch. Ich muss sie nicht, wie es in anderen Sportarten notwendig ist, in Gedanken durchgehen. Der Kurs liegt vor dem Start bereit und darf genutzt werden. Da hast du ungefähr ein Fenster von fünf bis zehn Minuten vor dem ersten Start, an dem der Kurs natürlich schon ausgelegt ist. Alle Top-Fahrer sehen sich den Kurs vor dem Start auf diese Art an, das ist reine Routine.

Gespräche mit den Kollegen

Jeder will gewinnen. Da wird nicht viel gequatscht.

DAS RENNEN

Der Start

Jeder hat eine Startuhr, die auf die Hundertstelsekunde genau ist, und du fährst mit einer halben Sekunde Risiko mit Vollgas auf die Startlinie zu. Du hast im Slalom ungefähr 60 Stundenkilometer drauf und musst schauen, dass du genau bei Null an der Linie bist.

Frühstarts oder Disqualifikationen vermeide ich aber tunlichst. Ich bin eher einer, der beim Starten auf der sicheren Seite bleibt. Ich weiß, dass ich superschnell und sicher auf dem Kurs bin, und ich gewinne das Rennen lieber erst auf dem Kurs und hole den Sieg so nach Hause, als dass ich alles auf den Start setze und drei Frühstarts mache, wie viele andere das riskieren. Die gewinnen vielleicht mal ein Einzelrennen, weil sie natürlich auf die Zehntelsekunde genau und mit Vollgas über die Linie drüber sind, aber du siehst sie dafür häufig das ganze Rennen lang nicht mehr, weil sie immer wieder Frühstarts produzieren und dabei hängen bleiben.

Tricks beim Start

In den ersten paar Runden ist es wichtig, dass du in die vordere Hälfte deines Heats hinein-
fährst. Für das Finale möchtest du dabei nicht immer all deine Karten zeigen, vor allem nicht,
wie und wo du starten möchtest. Das heißt, du versuchst oft, da zu starten, wo es eigentlich
nicht ganz so ideal ist, um die anderen ein bisschen auszutricksen. Aber die anderen sind auch
nicht blöd. Deshalb geht das Rennen definitiv schon vor dem Start los. Wenn du auf den Start
zufährst, gehst du erst nach Lee hinunter und dann ganz nach Luv hinauf und wieder
zurück. Und nach 30 Sekunden ordnest du dich dort ein, wo du
denkst, dass du hinausstarten willst, und
versuchst dann trotzdem, die anderen
noch einmal zu täuschen. Und das gleiche machen die anderen bei dir auch.
Du schaust ganz genau, wo deine Hauptkonkurrenten sind. Das sind bei Leichtwind und bei Starkwind meist ganz verschiedene. Dementsprechend musst du
immer aufpassen.

8, 16, 32 oder 64 Fahrer an der Startlinie – was ist besser?

Im Slalom gefallen mir dabei jene Heats
am besten, die mit 8 oder 16 Fahrern
abgehalten werden, da in den kritischen

An der ersten Tonne
geht es immer eng zu

Heats die weniger erfahrenen Fahrer schon vorher ausgeschieden sind, und die stehen dir in
den kritischen Momenten dann nicht im Weg. So fahren dann wirklich die Besten gegeneinan-
der, und es kommt nur mehr auf das Können an. Wenn alle auf einmal starten, mit 32 Fahrern oder sogar mit 64 Fahrern, dann wird oft durch Glück oder Unglück entschieden, wer gewinnt, weil drei oder vier nicht ganz so gute Teilnehmer vor dir reingefallen sind, dir im Weg
herumliegen oder ungewollt einen Frühstart produziert haben. Dann fährst du oft einen Start
nach dem anderen und hast zwei, drei, vier Frühstarts, was einem auf die Nerven gehen kann.
Deswegen mag ich die K.-o.-Systeme gerne, weil die weniger erfahrenen Fahrer schon in den
Vorrunden ausgeschieden sind.

Als Erster bei der Halsentonne sein

Damit man als Erster bei der ersten Tonne ist, gibt natürlich jeder 100 Prozent. Und erst, wenn du um die erste Tonne rum bist, dann kannst du mit 95 Prozent auskommen. Denn die anderen müssen noch um deine Heckwelle herumfahren. Deshalb musst du, wenn du Dritter oder Vierter bist, immer Vollgas geben, und du bist trotzdem nie so schnell wie der Erste. Und das heißt, es ist brutal wichtig, gleich als Führender die erste Halsentonne zu erreichen.

Trick bei der Halse

Am besten bleibst du relativ lange auf dem Raumschotkurs, bis du wieder richtig schön Druck im Segel hast. Und gehst natürlich möglichst schnell wieder in die Fußschlaufen rein. Je schneller man da wieder drin ist, desto schneller ist man auch wieder am Fahren.

Stürzen beim Slalom

Wenn du stürzt, bist du draußen. Wenn du vorne bist, kannst du es noch schaffen, Zweiter oder Dritter zu werden. Weiter hinten hast du keine Chance. Und da passiert es aber leichter, weil du das Spritzwasser vom Vordermann abbekommst. Da kann es sein, dass du bei der Halse ausrutschst, weil du zu schnell in die Halse reingefahren bist. Das Brett kann sich ganz anders verhalten, als du dir das vorstellst. Wenn du Zweiter oder Dritter bist und genau in die Finnenspur vom Vordermann kommst, ist so viel Luft im Wasser, dass die Finne ganz anders greift, als du es erwartest. Du stehst dann schön auf der Leekante, lenkst in die Kurve ein, bekommst erst einmal das Spritzwasser vom Vordermann ins Gesicht, und dann kannst du auch noch seine Luftkanäle durchfahren. Da kann dir dein Brett schon mal kurz abhauen und einen Spin-out produzieren, mit dem du nicht rechnest.

Schwächen und Stärken im Downwindslalom

Allgemein gesehen ist Leichtwind meine Schwäche. Wenn die 80- bis 90-Kilo-Leute schon mit dem größten Segel fahren, dann fahren die auch schon mit einem 9,8er, ich fahr mit einem 9,9er und bin kräftig untermotorisiert, während die anderen im Idealbereich liegen. Wenn du 103 Kilo wiegst, dann fehlen dir einfach 50 PS bei Leichtwind.

Geschwindigkeit

Je nach Schenkellängen erreichst du mit einem 6,8-Quadratmeter-Segel maximal 60 Stunden-kilometer. Mit einem 6,3 Quadratmeter großen Segel kommst du an die 65 bis 68 Stundenki-lometer heran und mit dem kleineren Segel, dem 5,8er, geht's über die 70 Stundenkilometer drüber. Das kannst du mit deinem GPS am besten messen.

NACH DEM RENNEN

Partytime

Die meisten Partys gehen nach der Preisverleihung ab oder bei Promotion-Aktivitäten. Vor der Preisverleihung hast du dich zehn Tage auf das Rennen konzentriert. Und danach kommen 50 bis 70 Windsurfer zusammen. Das gibt eine ziemliche Explosion, meistens zumindest. Je nachdem, wer dabei ist, geht es ganz unterschiedlich zu.

Durchfeiern und den nächsten Contest verschlafen?

Nein. Das ist es auch nicht wert. Wenn man Contest fährt, dann fährt man Contest. Und wenn es vorbei ist, dann haust du mal richtig auf die Pauke, und dann ist es wieder okay. Dann geht es meistens ohnedies zum nächsten Contest. Zwischendurch ist das aber mal ganz gut. Preisverleihung, Party machen, dann hat man die Schnauze voll davon. Ab zum nächsten Contest, und dann geht das Ganze wieder von vorne los. Mo-tivation, Vollgas, gewinnen. Dann wieder Siege feiern. Und dann zum nächs-ten. Tak, tak, tak.

PROFIALLTAG

Familie und Profialltag

Eine typische Rundtour bei Rennen ist, wenn ich zum Beispiel im Juli die Gran Canaria- und Fuerteventura-Rennen fahre und dann gleich darauf in die Türkei gehe. Da folgt ein Rennen auf das andere, ohne dass ich dazwischen nach Hause komme. Im August sind zwei Wochen Pause. Dann geht's ab zum Speedrace nach Karpathos, Ende August. Darauf folgt ein zweites Speedrace in Ägypten, gleich danach fahr ich nach Norddeutschland auf die Insel Sylt zum Weltcup, dann sind zwei Tage Pause, und dann geht es nach Weymouth zu einem Speedcontest, an dem alle Segelfahrzeuge teilnehmen können. Und nach drei Tagen Pause fahr ich zum Speedweltcup nach Namibia. Kurz danach fangen die ersten Rekordversuche wieder an. Und schon ist Weihnachten.

Die Familie ist immer dabei, wenn es ein bisschen länger dauert. Zum Testen in Mexiko waren sie dabei, weil wir dort fünf Wochen waren, und auf Hawaii, ebenfalls fünf Wochen. Bei den Kanaren-Contests sind sie immer dabei, und zum Sylter Contest nehme ich sie auch fast jedes Jahr mit. Das sind alles relativ angenehme Plätze für sie. Kleine Kinder nach Afrika mitzuschleppen, ist ein absoluter Blödsinn, da ist das Krankenhaus ein bisschen zu weit weg.

Ideale Hotels

Bei einem Contest ist es angenehm, wenn man eine warme Dusche hat. Und ein Restaurant, in dem man essen kann, ohne gleich Durchfall zu bekommen. So bequem wie möglich sollte es auch sein, bei wichtigen Contests auf alle Fälle, um die Regeneration so gut und so schnell als möglich zu schaffen.

Kurz: bequem, nahe, zeitsparend und erholungsfördernd. Wenn man jeden Tag fährt, muss man sich auch schnell wieder erholen können. Regenerieren ist der zentrale Faktor.

Ausreichend Schlaf

Bei Contests schlafe ich meine sieben bis acht Stunden, wenn ganz harte Bedingungen sind, vielleicht ein bisschen länger, aber zu lang ist dann auch wieder nicht gut. Ich persönlich schlafe gut. Habe nie ein Problem mit dem Einschlafen. Bei radikalem klimatischen Wechsel kann es ein bisschen schwieriger werden, aber im Großen und Ganzen hab ich keine Probleme mit dem Schlafen. Als ich noch ganz jung war, hatte ich vor dem Contest ein bisschen Nervenflattern, und es hat etwas länger gedauert, bis ich eingeschlafen bin. Aber das hat sich mit den Jahren gelegt.

Routine

Wenn man 20 Jahre lang Weltcup gefahren ist, dann sieht man die Wettbewerbe mit anderen Augen. Du nimmst es als eine Herausforderung an, und wenn gute Bedingungen sind, macht es unheimlich Spaß. Aber es ist nicht mehr so, dass ich nervös werde vor dem Contest, sondern ich freue mich drauf.

TRAINING

Das tägliche Surfpensum

Das Trainingspensum am Wasser hängt ganz von den Bedingungen ab. Wenn es gute Bedingungen hat, geh ich zum Erholen joggen und surfe, bis mir die Arme abfallen. Drei, vier, fünf, sechs Stunden.

Ich surfe jeden Tag jedoch mindestens zwei Stunden, wenn die Bedingungen einigermaßen in Ordnung sind. Und bei guten Bedingungen, tja, bis ich eben nicht mehr kann. In den frühen Jahren bin ich zu einseitig gesurft. Stundenmäßig zwar noch mehr als heute, aber immer nur Pozo rauf, runter, Pozo rauf, runter, Pozo rauf, runter und fertig.

Jetzt fahre ich Speed, Slalom und Welle. Da hast du den dreifachen Aufwand. Das habe ich vor zehn Jahren zwar auch gemacht, aber mittlerweile setze ich ein bisschen mehr Köpfchen ein. Oft fahre ich ein Teammatch mit Jimmy Diaz zum Beispiel. Wir testen dann zugleich neues Material. Training und Tests gehören deshalb oft zusammen.

Aber im Prinzip surfe ich meistens allein gegen mich selbst. Denn wenn ich gegen jemand anderen surfe, würde ich dem anderen nur etwas beibringen. Und ich selbst würde dabei sehr wenig lernen. Das heißt, man soll lieber windsurfen gegen jemanden, der besser ist als man selbst. Da gibt's zurzeit wahrscheinlich zwei bis drei, von denen ich für mich etwas lernen könnte in den Dingen, die mir wichtig sind. Und selbst dann würden die noch von mir mehr profitieren.

Training jenseits des Wassers

Ich variiere stark. Ich gehe regelmäßig mountainbiken und joggen und ins Gym. Ich jogge meist zwischen einer halben und einer Dreiviertelstunde, bike im Schnitt eine Dreiviertelstunde bis eineinhalb Stunden, und ins Gym geh ich zwischen ein und zwei Stunden. Schwerpunkt im Gym ist der Schutz der Gelenke, damit die Muskeln genug Kraft haben und die Gelenke selbst bei Maximalbelastung nicht schmerzen. Dabei kannst du nichts auslassen. Da musst du Beine, Rumpf und Oberkörper trainieren. In diesen Regionen musst du so stark wie möglich sein. Und du kannst dafür gar nicht genug trainieren. Du hast nur zu wenig Zeit, um noch mehr zu machen. Je mehr Kraft du hast, umso besser bist du im Endeffekt.

Ernährungsberater oder Fitnesscoach?

Seit ein paar Jahren hat Red Bull ein Trainingscenter in der Nähe von Salzburg für alle Red-Bull-Sportler. Da kann man sich testen lassen. Die überprüfen alles von A bis Z, von den Laktatwerten über den Fettanteil, wie viel Muskelmasse du hast und wie gelenkig du drauf bist, wie du besser trainieren kannst, damit dein Sport die Gelenke nicht verschleißt, und vieles mehr. Das sollte man eigentlich alle zwei bis drei Monate machen, um dann den Trainingsplan ein bisschen ändern und den Ernährungsplan perfektionieren zu können. Ich habe da sehr viel gute Ernährungsrichtlinien herausziehen können. Nur ist es schwer, den Anleitungen genau zu folgen, mit so einem bewegten Reiseplan wie dem meinen. Ich bin selten länger als zwei Wochen an einem Ort. Da kommen zwei Promotion-Geschichten und ein Contest, und dann klappt es mit dem Ernährungsplan nicht mehr.

Chill-out-Time

Verletzungen

Beim Windsurfen habe ich mir bisher eigentlich fast nur blaue Flecken geholt. Die aber dafür überall: an den Armen, den Beinen, auf den Füßen, auf der Schulter, dazu noch ein paar Bänderdehnungen in den Füßen, weil ich irgendwo in den Schlaufen hängen geblieben bin, und ein paar kleine Schnittwunden von verschiedenen Riffen und ein paar Platzwunden vom Gabelbaum an den Augenbrauen. Um die Augenbrauen sammelt es sich etwas, weil man doch öfter auf den Gabelbaum knallt. Da habe ich vier Stiche links und sieben Stiche rechts und unter den Augen auch ein paar. Aber irgendwas Gefährliches hatte ich eigentlich nie. Da gibt es im Prinzip auch nichts Schlimmeres. Bei manchen Sachen bekommst du eine leichte Gehirnerschütterung ab. Beim Speedfahren bin ich vor zwei Jahren mal vorne rübergerast, in das Segel hineingedonnert und auf den Kopf gefallen. Da hatte ich eine Woche lang eine Gehirnerschütterung. Das war zum Glück aber nicht vor dem Contest, sondern im Training. So hatte ich ein bisschen Zeit zum Ausrasten.

Chiropraktik und Massagen

Chiropraktik und Massagen sind sehr wichtig. Je häufiger du dich massieren lässt, je öfter du dich von einem guten Chiropraktiker durchchecken lässt, desto weniger Verschleißerscheinungen hast du. Es ist nicht jeden Tag nötig, zur Massage zu gehen, aber einmal in der Woche auf alle Fälle.

Auf Maui habe ich einen sehr guten Chiropraktiker, Gary Ryan. Der ist sicher einer der Top Ten-Chiropraktiker auf der Welt. An anderen Orten gibt es auch gute Leute, die ich über die Jahre hinweg kennengelernt habe. Jeder von denen musste schon ein paar Kleinigkeiten an mir gerade richten. Es gibt nichts Schlimmeres, als schief zu sein und dann Sport zu treiben. Dein Skelett muss richtig gerade sein. Es kommt ja oft genug vor, dass du unter der Woche einen kräftigen Stoß abbekommen hast, den du sofort wieder richten lassen solltest. Es ist gar nicht gut, einen schief gestellten Körper zu belasten.

Jeden Tag eine Massage geht sich leider nicht aus, weil oft nicht die Zeit dazu da ist. Nach dem Rennen wäre es gut, aber da geht es erst ab zum Essen, dann stehen Interviews an, meist Fernsehinterviews und ein oder zwei Magazine, gleich drauf geht es zurück zum Hotel, duschen, stretchen, versuchen, einen Saunagang unterzubringen, noch mal ein bisschen stretchen, noch mal essen und dann schlafen. Das ist schon stressig genug, oft passt da die Stunde Massage nicht mehr in den Tag hinein.

SPONSOREN

Bekanntheitsgrad

In Andorra, wo ich gewohnt habe, kennt mich fast jeder. Das ist relativ klein. Da arbeiten viele Windsurfer in den Skigebieten. Die sind im Sommer in ihren Surf- und Tauchschulen und im Winter arbeiten sie oft bei den Skiliften oder geben Skikurse. Wenn ich irgendwo in Madrid, Frankfurt oder München auf dem Flughafen herumlaufe und mir Windsurfer entgegenkommen, kennt man mich. Die sagen dann, das könnte der Dunki sein oder so. Aber es ist nicht so, dass irgendjemand aufdringlich wird. Ich kenne keine Fanbelästigung und auch keine Leute, die vor meinem Haus stehen. Beim Weltcup kennt dich natürlich jeder. Aber dafür kommen die Surfer ja auch dahin, um dich zu sehen. Und das ist es ja auch, was dich für Sponsoren letztendlich interessant macht.

Sponsoren fragen nicht nach zweiten Plätzen

Wie wurdest du Werbeträger für Nutella?

Der Erstkontakt war über Jürgen Hönscheid. Irgendwie hatte der Sohn des Ferrero-Eigentümers in einem Magazin gelesen, dass ich Nutella zum Frühstück esse; und als er gerade auf Fuerteventura war, tauchte er beim Jürgen im Shop auf und fragte nach mir. Beide haben mich dann angerufen und waren total gut drauf. Zweimal haben wir dann Spots gedreht. Einmal zusammen mit Britt, meiner Schwester, und ein paar Jahre später habe ich noch mal allein einen Spot für Nutella gemacht.

Isst du Nutella wirklich?

Immer schon. Nutella ist bei uns auch immer auf dem Frühstückstisch. Für die ganze Familie. Maria, meine Frau, isst am meisten davon.

Terminator, Profi, Superstar

Und wie war das mit Red Bull?

Ich hab Freunde gehabt, die wiederum welche gekannt haben, die auch von Red Bull gesponsert wurden. Ich habe dann über deren Kontakte bei Red Bull angerufen und hab Dietrich Mateschitz persönlich erreicht, mit ihm einen Termin ausgemacht und bin hingefahren. Aber das war natürlich 1992 oder 1993, da ging so etwas noch. Am Schluss des Gesprächs hat er gemeint, er schaut mal bei einem Contest vorbei. So war das dann auch. Er ist selbst hochgefahren mit seinem Ferrari nach St. Moritz zum Contest am Silvaplana See. Und dann stand er zwei Tage später am Strand und hat sich das Ganze angeschaut. Wiederum zwei Tage später habe ich schon ein Red-Bull-Shirt getragen.

Was ist das Besondere an einem Red-Bull-Rider?

Das sind alles gute Typen, mit denen du zusammen bist, ob es ein Skifahrer ist, ein Snowboarder, ein Formel-1-Fahrer oder ein Windsurfer. Es gibt insgesamt ja nur so in etwa 250 Sportler. Das sind alles gute Typen. Da weißt du, wenn du einen mit einem Red-Bull-Kapperl triffst, dass das eben ein Red-Bull-Sportler ist. Untereinander kennen sich die Red-Bull-Typen sofort oder lernen sich innerhalb von zwei Minuten kennen. Da kannst du hingehen, servus sagen und weißt ganz genau, das ist eine Person, die auf deiner Wellenlänge ist. Und so wird die Red-Bull-Family immer größer. Red Bull wählt aber auch gründlich aus; die Sportler müssen zum einen unter den Ersten sein, also sehr erfolgreich sein oder zu den besten Nachwuchssportlern gehören, die dann irgendwann Weltmeister werden, und zum anderen musst du irgendwie hineinpassen, ein lustiger, guter Mensch sein. Da nutzt es nichts, ein Trainingshengst zu sein, der zehn Stunden pro Tag am Rad hängt und keinen anredet. Das ist nicht so der Red-Bull-Typ. Zudem setzen sie für Sportler sehr viel um, speziell für die jungen Sportler, damit die trainingstechnisch noch mehr Vorteile haben.

Wie viel Red Bull trinkst du täglich?

Je nachdem, wie viel Action angesagt ist. Ich würde sagen, wenn ich viel Sport mache, trinke ich zwischen vier und acht Red Bull, am liebsten mit Wasser gemischt. Es verwandelt sich viel schneller in Energie, wenn man es mit Wasser mischt. Und wenn ich Party mache, die doppelte Menge. Dann aber nicht mit Wasser gemischt.

ENTWICKLUNGEN DES MATERIALS

Nach welchen Kriterien wählt man das Material aus?

Wichtig ist, dass du ein Ziel und ein motiviertes Team hast. Bei North ist das so. Das ist auch der Hauptgrund, warum ich von Neil Pryde auf North umgestiegen bin, weil hier ein junges Windsurfteam arbeitet, die alle windsurfen, ob es jetzt der Raoul Joa ist, der Chef von North, oder der Jimmy Diaz, der auch umgestiegen ist zu North, oder der Kai Hopf, den ich seit 20 Jahren kenne. Das ist ein motiviertes Team, das den Windsurfsport liebt.

Im Prinzip ist es immer das gleiche Ziel: das Material, also das Race- und Speedsegel, einfacher zu handhaben, mit mehr Effizienz. Das heißt, mit mehr Lift, also Auftrieb, stärker vorwärts mit mehr Trimm und weniger Widerstand. Es gibt keine Zufälle. Harte Stundenarbeit. Je mehr man lernt, umso besser wird es. Wenn ich mit dem Segel von vor zwei Jahren fahren würde, würde ich nicht unter den ersten zehn Fahrern sein. Und im Prinzip hast du immer zu wenig Zeit zum Testen. Wenn wir Race- oder Speedsegel testen, fahren wir vier bis fünf Stunden am Tag. Der einzige Grund, warum wir nicht noch mehr testen, ist, weil das Jahr nur zwölf Monate hat.

Formular-Windsurfen

Die Kursrennen sind zum Formular-Windsurfen geworden. Zu leichtwindorientiert für meinen Geschmack. Der Fehler war, die Priorität zu stark auf den Kreuzkurs und auf den Vorwindkurs zu legen. Damit haben sie riesengroße, breite Bretter favorisiert, mit langen Finnen. Die kannst du auf dem Raumschot- und Halbwindkurs kaum fahren, weil die Finne zu lang und das

So kontrolliert er den Segeltrimm

Brett zu breit ist. Früher galt die Regel, dass du 60 Prozent Halbwind- oder Raumschotkurse auslegen musstest und 40 Prozent Kreuz. Mittlerweile sind es 60 Prozent Kreuz, 30 Prozent Vorwind und zehn Prozent Raumschot. Das ergibt Brettkonstruktionen, die einfach nicht schön zu fahren sind. Erst, wenn sie wieder einen langen Raumschotschlag festlegen, werden Bretter möglich werden, die sich schön fahren lassen; und erst damit werden die Bretter wieder konsumentenfreundlicher und erlauben mehr Spaß am Windsurfen.

Die Entwicklung des Leichtwindmaterials

Ich bin immer gegen das Konzept gewesen, ein 12,5-Quadratmeter-Segel und eine ewig lange Finne fahren zu müssen, mit einem ein Meter breiten Brett unter mir. Es tut mir leid, das ist für mich nicht Windsurfen, und es hat sich im Nachhinein bestätigt, dass es falsch war.

Hinter der Entwicklung standen verschiedene Personen. Vor allem die, die vorne waren, die waren fixiert drauf, schon bei nur acht bis zehn Knoten Rennen durchführen zu können. Dabei haben sie vergessen, dass man bei 20, 25 Knoten auch noch fahren können sollte. Über 15 Knoten stehen sie auf diesen Brettern drauf und sehen alle aus wie Anfänger. Das Material ist bei mehr als 15 Knoten Wind fast unfahrbar, sogar für einen Weltcupfahrer. Die Rückentwicklung wird sicher passieren. Was bleiben wird, sind die großen Segel, vielleicht nicht 12,5 Quadratmeter groß, aber elf Quadratmeter, und die Bretter werden auch einen Meter breit bleiben, aber werden fahrbar sein. Dann hat man für das Windsurfen wieder etwas Gutes getan.

Entwicklungen aus dem Rennsport

Generell hat die Entwicklung aus dem Rennsport aber sehr viel gebracht. Die Freeride-Linien sind viel besser geworden, die Bretter haben weit größere Einsatzbereiche, ebenso die Segel. Aus den Anforderungen in den Rennen haben sich die Eigenschaften entwickelt: leicht ins Gleiten kommen, gute Kontrolle, schöne Halsenqualität. Wenn du ein Brett von vor zehn Jahren mit einem Brett von heute vergleichst, ist das wie Tag und Nacht. Der Einsatzbereich ist wesentlich umfassender geworden. Heute gehst du mit einem Brett und einem Segel hinaus, die beide einen doppelt so großen Windbereich abdecken als vor ein paar Jahren.

UNERLÄSSLICHE DETAILS

Der Caddie

Die Materialvorbereitung muss perfekt sein. Ich bin Perfektionist, und den Standard, den ich für mich selbst festsetze, erreichen die wenigsten Menschen. Auch die wenigsten Caddies. Mit Viktor komme ich sehr gut zu den Ergebnissen, die ich brauche. Aber früher war es oft so, dass die Caddies schon ein bisschen herumgeschlabbert haben. Und da kommst du oft wieder auf den Satz zurück: Wenn man was richtig gemacht haben möchte, dann muss man es selbst machen.

Auch wenn du genaue Anweisungen gibst, klappt es nicht immer so, wie du dir das vorstellt. Da kann es sein, dass der Gabelbaum nicht richtig montiert ist, dass alles wackelig ist, dass etwas falsch eingefädelt ist. Dann kannst du alles wieder auseinanderbauen und noch einmal aufriggen. Das braucht Zeit, in der man längst auf dem Wasser sein könnte. Dann fährst du manchmal raus und siehst, dass der Tamper halb angenagt ist, und denkst dir, na super, komm ich überhaupt ins Ziel mit dem Tampen? Und alles nur, weil der Caddie am Abend davor auch müde war und sich nicht die Mühe gemacht hat, das gesamte Material zu kontrollieren. Dabei kann dich das an dem Tag dann eine Vorausscheidung kosten.

Immer zur Seite: Caddie Viktor

Taktische Überlegungen

Ein Rennen durch Windglück kann jeder gewinnen. Am ersten Tag ein halbes Rennen zu fahren, irgendwie vorne zu liegen und dann zu hoffen, dass die ganze Woche kein Wind mehr ist, damit sich nichts am Resultat ändert, das ist nicht mein Ding. Ich fahre lieber jeden Tag zwei supergute Rennen und das die ganze Woche lang, damit zehn Rennen zusammenkommen. Das zu gewinnen, ist für mich ein guter Wettbewerb. Dann weiß ich, ich habe die Woche etwas gemacht, habe Spaß gehabt und ein Ergebnis erzielt. Das hat Wert.

Qualität

Wenn versucht wird, von der Wettkampfleitung jeden Tag vier Rennen reinzupressen, weil am nächsten Tag Schwachwind angesagt ist, finde ich das übertrieben. Zwei gut ausgelegte Rennen mit guter Qualität, in denen aufgepasst wird, dass keine Frühstarts passieren, die sauber gefahren werden, das genieße ich, da stimmt die Qualität.

FRAGEN-RAP 2

Was denkst du über das Thema Erfolg? Über Erfolg habe ich nie nachgedacht.

Hat dich dein großer Erfolg überrascht? Das erste Mal, als ich den Weltcup gewonnen habe, war ich 19 Jahre alt, und das letzte Mal, als ich ihn in Folge gewonnen habe, war ich 30. Und das in verschiedenen Disziplinen: 33-mal insgesamt. Ich habe das selbst nicht erwartet, nie gedacht, dass es so etwas geben kann. Als ich das erste, das zweite, das dritte Mal gewonnen habe, habe ich gesagt, das ist nicht schlecht. Dann habe ich fünfmal gewonnen, genauso oft wie Robby Naish. Und dann waren es irgendwann zehn Siege. Doppelt so viele Siege wie bei Robby, und dann habe ich noch zwei Jahre draufgelegt.

Wie hast du das gemacht? Ich habe viele Einzelrennen gewonnen. Und es hat mir Spaß gemacht. Ich bin hinausgegangen und dachte, ich bin gut vorbereitet, ich gewinn jetzt das Rennen und fertig. Das hat zwar nicht immer geklappt, aber die Einstellung war immer dieselbe. Es gab auch keine Diskussion für mich, ob jetzt zu wenig Wind ist oder zu viel oder ob gerade mittelstarker Wind herrscht. Du kannst die Bedingungen nur so nehmen wie sie sind, sechs Tage Rennen fahren und dann eben alles geben, um als Erster nach Hause zu fahren.

Gibt es ein Geheimnis deines Erfolges? Ich bin einfach windsurfen gegangen. Bei guten Bedingungen bin ich länger windsurfen gegangen. Bei schlechten weniger. Das war alles. Das hat von Anfang an für mich dazugehört wie Aufstehen und Frühstücken und Zur-Schule-Gehen.

Bist du ehrgeizig? Windsurfen hat mir immer Spaß gemacht. Und ohne Spaß beim Windsurfen wird es sowieso nichts mit dem Erfolg beim Contest. Windsurfen gefällt dir oder eben nicht. Sonst bekommst du nie das Gefühl dafür.

Gibt es nicht doch ein Geheimnis deines Erfolges? Es ist einfach so, dass ich keinen Hang zum Verlieren habe. Wenn ich hingehe, dann gehe ich hin, um zu gewinnen. Es ist nicht so, dass ich versuche, zu gewinnen. Ich gehe hin, *um* zu gewinnen. Die Vorbereitungen sind immer gemacht, deshalb gibt es keinen Grund, warum ich nicht gewinnen sollte.

Grenzen des Erfolges? Die Vorbereitung ist gemacht worden. Es gibt keinen Grund, warum ich nicht gewinnen sollte. Das Können habe ich, das Material auch. Das Einzige, was oft ein Problem für mich darstellte, war, wenn es unter zwölf Knoten Wind hatte. Denn Leichtwind ist nicht so mein Ding. Ich bin erstens schwer, und zweitens macht es bei mehr Wind einfach mehr Spaß.

Belastet dich die Erwartungshaltung von Presse und Fans?
Nein, im Gegenteil. Die Erwartungshaltung der Presse und von meinen Fans treibt mich an.

Weißt du, wann du welches Rennen wo genau gewonnen hast? Ich weiß nicht mal, ob es gerade elf oder zwölf Uhr ist. Genauso wenig weiß ich, ob ein Sieg auf Hawaii oder Sylt nun im Jahre 1994 oder 1995 war.

Gibt es eine Anleitung zum Siegen? Du trainierst, um immer besser zu werden. Du verbesserst dein Material, dein Können, deine Kondition. Und dann fährst du zum Contest und machst genau das, was du kannst. Du versuchst, keine Fehler zu machen. Und fährst möglichst da, wo deine Konkurrenten auch sind und eben nicht in die falsche Richtung.

Fragen-Rap | 115

Kapitel 6

FAHRTECHNIK

Bjørn hat in seiner Karriere siebenmal den Titel des PWA Wave World Champion geholt. Seine Erfolge sind legendär. Seine Arbeit auf dem Brett ebenso. Kein anderer hat wie er die Manöver so perfektioniert, dass er sie sicher und souverän in jeder Wettkampfsituation einsetzen kann. Sein Stil besitzt Kraft, Klarheit und Bestimmtheit. Im folgenden Kapitel verrät er seine besten Tipps rund um das Thema »Technik«.

DIE OPTIMALE GRUNDHALTUNG
Close the gap

Um Höchstgeschwindigkeiten erreichen zu können, musst du unten das Segel richtig schön schließen, das heißt in der Windsurfersprache »Close the gap«. Das bedeutet, dass du das Segel so nah an das Brett heranbringst wie nur möglich. Und du hältst das Segel möglichst ruhig. Damit verringerst du die Turbulenz im Wasser und behältst gleichzeitig den optimalen Anströmwinkel. Zudem hältst du das Segel so aufrecht wie möglich, denn je aufrechter es ist, umso effizienter ist es logischerweise.

Der Druck auf die Füße

Im Angleitbereich bei ganz leichtem Wind hat man bis zu 90 Prozent des Drucks auf dem hinteren Fuß und nur ein bisschen Druck auf dem vorderen. Je mehr Wind du fährst und je schwieriger die Bedingungen werden, umso mehr gleichst du das aus; bis auf 75 zu 25 oder sogar bis auf 60 zu 40. Bei ganz extremen Bedingungen kann ich sogar sagen, dass man nahezu gleich viel Druck am vorderen wie am hinteren Fuß hat. Also: Bei leichten Bedingungen mehr Druck auf den hinteren Fuß, bei schwierigen Bedingungen immer mehr Gewicht auf den vorderen verlagern.

Fahrtechnik | **117**

Mein schnellster Kurs

Der Kurs zwischen 100 bis 130 Grad, das ist der Raumschotkurs – generell der schnellste Kurs für Windsurfer. Für mich liegt der optimale und schnellste Kurs bei Leichtwind ungefähr zwischen 100 und 105 Grad vom Wind weg. Je stärker der Wind weht, desto mehr weitet sich der Kurs bis auf 130 Grad raumschot aus.

Die Gabelbaumhöhe

Bei Leichtwind kommt man ein bisschen schneller ins Gleiten, wenn man den Gabelbaum etwas höher fährt, als man ihn normalerweise fährt. Bei Mittelwind rückt man ihn ein bisschen hinunter, damit man auf die Idealhöhe für den Gabelbaum kommt. Wenn viele Wellen das Wasser unruhig machen oder starker Wind vorherrscht, dann gibt man den Gabelbaum noch einmal um zwei bis drei Zentimeter weiter nach unten, um mehr Kontrolle über das Brett zu bekommen.

MANÖVER

Die Halse

Möglichst glattes Wasser aufsuchen. Raus aus dem Trapeztampen, den hinteren Fuß aus der Schlaufe, die Knie beugen, speziell das vordere Knie, und dann die Leekante belasten. Wenn man ungefähr 10 bis 20 Grad hinter dem Vorwindkurs ankommt, zuerst umsteigen, den anderen Fuß schon jetzt nach vorne bringen, also in die nachfolgende Fahrtrichtung, und dann erst das Segel schifften. Wenn man etwas erfahrener ist, kann man bei viel Wind sogar erst das Segel schifften und dann umsteigen. Aber der erste Schritt ist der einfachere.

Duck Jibe

Die Duck Jibe wird ähnlich eingeleitet wie die Halse. Logischerweise erst aushaken, und dann den hinteren Fuß aus der Schlaufe nehmen. Wenn du den Vorwindkurs fast erreicht hast, lässt du die vordere Hand los und greifst mit dieser Hand weit hinten an den Gabelbaum. Dann lässt du die andere Hand los, duckst dich noch ein bisschen und wirfst das Segel nach hinten. Wichtig ist, dass du mit der anderen Hand wieder ganz vorne, so nah wie nur möglich am Mast den Gabelbaum greifst, um sofort Kontrolle über das Rigg zu erhalten. Das Problem, das viele Surfer dabei haben, ist, dass sie während des Schifftens von der Leekante wieder auf die Luvkante überwechseln und runterdrücken. Deshalb musst du darauf achten, dass die Fußposition bleibt, wie sie ist, und dass der Druck auf der richtigen Kante bleibt.

SPRUNGTECHNIK

Sprünge lernen und sich dabei nicht verletzen

Es ist wesentlich leichter, das Springen zuerst einmal auf einer brechenden Welle im Meer zu lernen, weil du da ein bisschen mehr Zeit hast. Du fährst auf Halbwindkurs die Welle an und hakst das Trapez aus, um mehr Kontrolle zu haben. Wenn du über die Welle drüberfährst, ziehst du etwas an, winkelst die Beine ein bisschen an und versuchst dann, wieder relativ weich aufzukommen. Wenn du Probleme beim Landen hast, hast du zu viel Druck im Segel, dann kannst du die Segelhand etwas aufmachen, um ein bisschen Druck rauszunehmen.

Beim Springenlernen ist es gut, wenn du in Notfällen in der Mitte des Sprungs nicht alles loslässt, sondern versuchst, möglichst mit den Händen am Gabelbaum und mit den Füßen in den Fußschlaufen herunterzukommen. Das meiste passiert in der Landephase, wenn du irgendetwas loslässt, den Gabelbaum oder die Fußschlaufen, dann tut man sich öfter weh. Wenn man alles festhält, dann ist das nicht so wild.

Fahrtechnik | 119

Backloop (Rückwärtsloop)

Mit Loops beginnen solltest du erst, wenn du wenigstens zwei bis drei Meter aus dem Wasser springen und danach wieder problemlos sanft und kontrolliert landen kannst. Wenn man das kann, lernt man ohne Weiteres den Frontloop, den Vorwärtsloop, und auch den Backloop. Aber ein Schritt nach dem anderen.

Es ist am einfachsten, wenn man zwischen ein und zwei Meter Brandungswelle vorfindet. Du suchst dir den steilsten Teil der Welle aus, um richtig Schwung nach oben zu bekommen. Du musst beim Absprung schon das Gewicht ein bisschen nach hinten verlagern. Und wenn du fast oben am höchsten Punkt bist, wendest du den Blick über die vordere Schulter wieder zum Land hin. Dann leitest du die Drehung mit ein bisschen Schwung ein. Die Dosierung des Schwunges ist der Punkt, den du Schritt für Schritt lernen musst. Wenn du in der Rotation bist und wieder herunterkommst, ist es am besten, wenn du möglichst auf Raumschotkurs landest. Beim Landen versuchst du mit dem Bug zuerst ins Wasser einzutauchen. Während der Landung fiere ich das Segel ein bisschen auf, um den Druck aus dem Segel zu nehmen.

Ich springe ganz gerne hohe Backloops, weil man da einfach sehr viel von der Welle mitkriegt. Man kann schön runterschauen, während man die Rotation macht. Das ist der Sprung, den ich, kontrolliert, am höchsten springe.

In Pozo zum Beispiel fährst du für den Backloop Vollgas auf die Welle zu. Je nach Wellenhöhe schaust du früher oder später über die Schulter. Da ist genügend Wind, und du brauchst nicht viel rumrücken. Wenn du hochspringst, schaust du einfach ein bisschen über die Schulter, durch eine kleine, ruckartige Körperrotation geht das von allein. Die meisten machen in Pozo oft den Fehler, dass sie unten zu stark anreißen und dann häufig zu schnell rotieren und auf dem Material herunterkommen. Bei kleineren Wellen gilt, dass man mehr anziehen muss, bei mehr Wind und größeren Wellen musst du weniger anziehen.

Backloops in Pozo springst du dann zehn Meter über dem Wellenkamm. Das ist recht interessant. Denn in einer Höhe von mehr als fünf Metern ändern sich die Farben im Wasser. Das Licht ändert sich: je höher, desto weniger Spiegelreflexe gibt es. Und das macht Spaß. Du fliegst. Du fühlst dich manchmal wie ein kleiner Vogel, wenn du dich so richtig hinauslässt. Wenn du in dem Moment loslassen würdest, würde das Material wahrscheinlich auf dem Strand landen.

Frontloop (Vorwärtsloop)

Den Frontloop hingegen kannst du bei einer wesentlich flacheren Welle schaffen als den Backloop. Hier fährst du auf leichtem Raumschotkurs auf die Welle zu, um schon in dieser Phase etwas Druck aus dem Segel zu nehmen. Einen Absprung in dem Sinn hast du nicht, sondern du katapultierst dich nach vorne. Dafür greifst du ein bisschen weiter nach hinten am Gabelbaum, um diese Schleuderrotation schneller einzuleiten. Den größten Fehler, den du machen kannst, ist, dass du danach einfach loslässt, weil du dir unsicher bist. Ich empfehle, dass du den Sprung am Anfang nicht ganz so hoch durchführst, damit du eben nicht loslässt. Aber selbst, wenn du auf dem Rücken landest, tust du dir eigentlich nicht weh. Am besten ist es, wenn du ganz einfach diese Rotation einleitest, nicht loslässt und dich Schritt für Schritt an die volle Drehung annäherst. Wenn du bei der Landung zu viel Druck hast, versuchst du das Segel etwas aufzufieren.

Table Top

Das ist ein relativ spektakulärer Sprung, den es schon sehr lange gibt. Man muss sich eine ziemlich steile Welle aussuchen, um einen guten Lift nach oben zu bekommen. Während du hochgehst, bringst du das Brett über den Kopf. Am Anfang wird meist ein Donkey Kick daraus werden, der nicht so hoch dreht. Und mit der Zeit tastest du dich an den Table Top heran. Das Wesentliche dabei ist: Je mehr du die Beine streckst, umso stärker verdreht sich das Brett.

Fahrtechnik | 121

360ER
Flachwasser-360er

Den fährst du ganz ähnlich wie eine Halse. Du fährst mit Vollgas an und lässt beide Füße in den Schlaufen, um möglichst viel Druck auf der Kante halten zu können. Beim Anfahren hältst du das Segel dicht über dem Brett, fierst also nie auf. Wenn du dann durch den Wind gehst, musst du mit der vorderen Hand nach unten drücken, damit wieder Wind von der Leeseite ins Segel reinkommt. Dabei ist es ganz wichtig, dass der Druck auf der Kante bleibt, also auf der Leekante, die während des Manövers zur Luvkante wird, damit du auch den Schwung durch den gesamten Turn mitnehmen kannst. Wenn du ganz herum bist, musst du darauf achten, dass du das Segel wieder aufrecht hinstellst, um wieder mit ausreichend Druck anfahren zu können.

Down-the-line-Wave-360er

Das ist ein relativ schnelles Manöver. Du musst dafür natürlich schon richtig gute Bottom Turns fahren können. Du suchst dir auch hier, ähnlich wie beim Aerial, den fast brechenden Teil der Welle aus. Jetzt hältst du den Druck auf der Leekante und wechselst nie um. Wichtig ist, dass du die Welle wirklich frontal triffst. Mit dem Schwung, den du mitgebracht hast, musst du die fehlenden 100 bis 180 Grad fertig drehen und mit der Welle mitgehen oder über die Lippe hinausspringen und der Welle trotzdem in der Luft folgen, wobei du möglichst gerade landen solltest, um weiterfahren zu können. Das ist der Teil, der sehr viel Timing und sehr viel Übung erfordert.

Backside-Wave-360er

Den fährst du wie einen Backside off the lip. Anstatt von der Luvkante auf die Leekante umzulenken, versuchst du, möglichst hoch ins Weißwasser reinzukommen, oder triffst sogar den brechenden Teil der Welle. Wichtig ist, dass du den Schwung der Welle voll abbekommst und umsetzt, damit du die fehlenden 180 Grad der Drehung fertig drehen kannst. Dann kommst du mit dem Weißwasser wieder runter.

TURNS (WENDEN)

Bottom Turn

Der Bottom Turn ist eine gut durchgezogene Kurve am unteren Ende der Welle. Du hast dabei viel Power und musst genau darauf achten, dass das Brett dabei möglichst stabil bleibt. Währenddessen siehst du ziemlich langweilig aus, wenn du keinen Speed draufhast. Das heißt aber auch: Je schneller die Welle ist, desto schwieriger wird das Manöver. Dafür musst du konsequent auf der Kante bleiben. Wenn du einen engen Turn fährst, musst du wenig Brettkante im Wasser haben, bei langen Turns musst du möglichst viel von der Brettkante im Wasser haben. Ich fahre gerne gut durchgezogene Turns mit richtig viel Speed. Aber wenn körperlich kleinere Surfer schneller fahren, fallen die aus der Kurve raus.

Viele denken, dass ein langsamer Turn, der eng gezogen wird, viel radikaler ist. Aber das ist Kindergeburtstag, wenn ich mit 15 Knoten unterwegs bin und einen engen Turn drehe. Natürlich kann man dann ganz eng drehen und das Brett herumreißen. Dann spritzt die Fontäne gerade einmal einen halben Meter weg. Bei einem gut gefahrenen Turn spritzt die Fontäne zweieinhalb bis drei Meter hoch. Das ist wie beim Skifahren: Wenn ich langsam fahre, kann ich enge Kurven ziehen, ganz ohne Probleme. Aber wenn du mit 90 Stundenkilometern runterfährst und dann Druck auf die Kante bringst, ist das eine andere Geschichte. Das können halt sehr wenig Leute einschätzen, auch Judges oftmals nicht.

Möglichst einfach lernst du diese Manöver, wenn du Sideshore-Wind hast. Außerdem sind ein bis zwei Meter hohe Wellen ideal, damit ein bisschen was los ist. Je größer die Welle, umso besser, das ist klar. Du bleibst in den Schlaufen drin, die Einleitung ist also ähnlich wie bei der Powerhalse. Das Einzige, das du anders machst, ist, dass du das Segel dicht hältst. Es wird nie aufgemacht. Und du hältst immer den Druck auf der Leekante. Je kleiner die Welle, umso mehr Druck musst du auf die Leekante geben. Je größer die Welle, umso länger wird auch der

Bottom Turn, deshalb gibst du bei der größeren Welle ein bisschen weniger Druck auf die Kante; natürlich auch, weil du wesentlich schneller unterwegs bist.

Cut Back

Dabei blickst du die Welle hinauf, suchst dir am besten einen steilen oder einen soeben brechenden Teil der Welle aus, ganz oben am Wellenkamm, um den Cut Back zu machen. Für den Cut Back musst du möglichst schnell und konsequent von der Leekante auf die Luvkante wechseln und den Druck verlagern. Während des Cut Backs fierst du das Segel ein bisschen auf, um die Brettkante noch tiefer in die Welle hineindrücken zu können. Und dann kommst du wieder runter und setzt zum nächsten Bottom Turn an.

Aerial off the lip

Nach dem Bottom Turn suchst du dir den brechenden Teil der Welle aus. Das Manöver ist ähnlich wie beim Cut Back. Du fährst den Druckwechsel nur nicht so radikal, sondern versuchst, dich einfach von der Lippe der Welle hinausschleudern zu lassen. Du gehst möglichst präzise an den kritischen Punkt der Welle ran, hast maximal Spaß dabei und fährst voll gegen das Weißwasser. Dann fliegst du von der Welle weg, und das ganze Brett ist aus dem Wasser draußen.

In der Luft vollendest du den Turn und versuchst, durch den Schwung, den du von der Lippe bekommen hast, wieder in die Welle reingeschleudert zu werden, damit du mit der Welle mitkommst. Wenn das alles gut klappt, kommst du die gleiche Welle wieder runter und kannst sofort wieder zum nächsten Bottom Turn ansetzen.

Dabei gibt es Wellen wie in Punta Preta auf den Kapverden, da kannst du auf einer Welle drei Aerials springen. Solch eine Welle ist 500 bis 600 Meter lang, also einfach ideal dafür.

Wichtig ist das Timing für jeden Aerial. Je nach Windrichtung ist das etwas anders. Aber mit Sideshore-Wind ist es relativ leicht. Weil es dich dadurch automatisch in die Welle zurückwirft. Ablandiger Wind treibt dich gerne hinten raus, dann landest du hinter der Welle; deshalb musst du bei ablandigem Wind viel mehr mit der Welle fließen, ihre Power nutzen. Du musst in der Luft das Brett zum Strand hin lenken, denn der Wind möchte dich ja rausschieben, du aber möchtest wieder reinkommen. Auf alle Fälle musst du genau hinter die Wellenlippe treffen. Wenn du ein bisschen schummelst, fliegst du trotzdem hinten raus. Das ist

alles Timing. Innerhalb von einer Zehntelsekunde bist du hinter der Welle und damit draußen oder nicht. Dabei haben manche ein besseres Timing, manche ein schlechteres, und manche lernen es nie.

Duck Tack

Das ist ein relativ kompliziertes Manöver. Du fährst voll im Gleiten ziemlich hart am Wind. Du stellst die Füße um, bevor du das Segel schifftest. Während du dann durch den Wind gehst, musst du zusehen, dass du das Segel gegen den Wind wirfst und dich selbst unter dem Segel hindurchduckst, um den Gabelbaum auf der anderen Seite wieder greifen zu können. Der Trick dabei ist, dass du genau drauf achten musst, dass der Druck auf dem Brett immer auf der Luvkante bleibt, damit der Schwung nie verloren geht. Und dann kannst du wieder anfahren.

STÜRZE

Das Wichtigste beim Sturz

Stürze gibt's immer wieder, kleine und große. Das lässt sich nicht vermeiden, wenn man am Limit fährt. Wichtig beim Slalom- und beim Speedfahren ist, dass man erst dann loslässt, wenn man auch aus dem Trapez draußen ist. Das heißt, wenn du aus dem Trapez nicht rauskommst, dann am besten den Gabelbaum nicht loslassen.

Stürzen in der Brandung

Wenn man in der Brandung von einer Welle gewaschen wird, ist es das Allerwichtigste, dass man erst die Füße aus den Schlaufen rausbekommt und dann erst den Gabelbaum loslässt. Wenn man es umgekehrt macht, tut man sich schnell weh. Du rutschst dann oft mit einem Fuß aus der Schlaufe raus und überdehnst die Bänder, oder sie reißen sogar ein.

Fahrtechnik | 125

Kapitel 7

DAS MATERIAL

Vorbereitung ist alles. Bjørn ist dafür bekannt, dass er bei der Materialentwicklung und -vorbereitung keine Kompromisse macht. Aus dem Profisport kommen seit vielen Jahren die bedeutendsten Entwicklungen hervor, die auch das Material für den Freizeitsport radikal verändert haben. Bjørn stellt gerne richtig, dass es nicht die Windsurffirmen sind, die die Bretter und Segel entwickeln. Im Endeffekt, so sagt er, sind es immer die Spitzenfahrer, die das Material entwickeln. Und es ist die Kooperation zwischen Fahrern, Shapern und Segeldesignern; sie alle bestimmen, wie gut eine Serie wird.

BOARD UND SEGEL

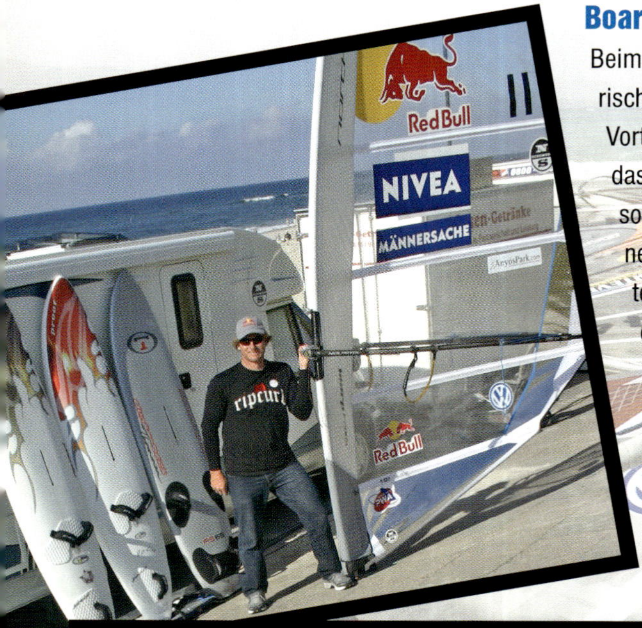

Boards (Bretter)

Beim Slalom fahren alle Serienbretter. Das ist obligatorisch. Von dem her sind wir relativ eingeschränkt. Der Vorteil: Bei Slalombrettern kann jeder Konsument genau das gleiche Material kaufen, das auch ich fahre. Das ist sogar gut für mich, weil ich bei manchen Rennen keine Bretter mitzunehmen brauche, sondern in den nächsten Surfshop gehen kann und sie dort abhole. So brauche ich sie nicht im Flugzeug zu transportieren.

Bei Speed- und Waveboards fahre ich eigentlich zu 100 Prozent Karbon. Denn Karbon ist das steifste und leichteste Material. Man muss halt die richtige Mischung finden. Das meiste Karbon wird an den Stellen eingesetzt, die am stärksten beansprucht

Meine »kleinste« Boardpalette

werden, damit sie dann auch länger halten. Dabei haben alle Bretter, die die Werkstatt von Proof verlassen, genau die Verstärkungen, die auch ich habe.

Die Bretter werden immer leichter, ihr Einsatzbereich immer größer. Wenn ich mich auf ein Brett stelle, das vor fünf Jahren gebaut wurde, würde ich sagen: »Was für eine Gurke ist das denn?« Und damals war es das Beste, das es gab. Was ich damit sagen will: Die Entwicklung geht immer noch rasend schnell. Und es macht auch Sinn, sich mit den neuen Entwicklungen zu beschäftigen. Auch als Freizeitsurfer. Die neue Generation von Brettern macht das Leben auf dem Wasser um vieles einfacher.

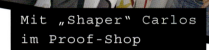

Mit „Shaper" Carlos im Proof-Shop

Segel

North Sails, die Marke, für die ich arbeite, baut Segel, die für den absoluten Rennbereich gemacht werden. Da sind die Seriensegel genauso gut wie die Segel der Profis. Das heißt, North Sails erzeugt nichts Spezielles nur für uns Profis, sondern sie machen das Segel so gut wie nur möglich, damit der Freizeitsurfer ein genauso gutes Segel wie wir Profis fahren kann. Klar, beim Testsegel sind wir ein halbes Jahr voraus. Aber wenn es dann abgegeben wird, dann fahre ich das ganze Jahr über die Seriensegel, weil man ja auch Seriensegel im Rennen fahren muss. Auch im Wellenbereich fährt der Freizeitsurfer genau die gleichen Segel wie ich.

Segelmaterial

Bis jetzt gibt es noch immer nichts Besseres als Monofilm, weil dieses Material am stärksten ist, ganz direkt arbeitet und sich am allerwenigsten dehnt. Das gilt für Race- und Wavesegel. Das Material lässt sich einfach und gut verkleben, und wenn der Wind hineinfährt, hast du eine viel direktere Beschleunigung als mit irgendeinem weicheren Tuch. Wenn du das gleiche Segel aus Dacron machen würdest, würdest du einmal fahren, und das Segel würde einen halben Quadratmeter größer sein.

GABELBAUM UND TRIMMSYSTEM

Gabelbaum

Er muss steif sein. Am besten aus Karbon, klar. Mein Lieblingsdurchmesser beträgt so 28, 29 Millimeter, mit einem relativ direkten Grip. Also nicht zu weich und nicht zu hart.

Gabelbaumverbindung

Die Gabelbaumverbindung muss so direkt wie möglich sein. Trotzdem muss man ein bisschen Spielraum haben. Die Gabeln, die dem Team und mir gefallen, sind dann auch die Gabeln, die in Serie gefahren werden. Das ist nicht so, dass wir nur für uns eine spezielle Entwicklung machen. Das wäre schon aus Kostengründen nicht möglich. Wir möchten auch für den Kunden das Beste haben. Die Gabelbaumverbindung muss halten, leicht, direkt und schonend sein: kraftschonend, equipmentschonend. Der Endverbraucher bekommt daher das Beste, das wir produzieren können.

Trimmsystem

Das Trimmsystem ist für jeden Freerider und Racer empfehlenswert. Weil du damit dem Segel einen noch größeren Einsatzbereich geben kannst. Anstatt zum Strand fahren zu müssen und nachzutrimmen, kannst du das Segel ein bisschen aufmachen und problemlos weiterfahren. Außerdem ist es auf der Kreuz besser, ein etwas flacheres Segel zu fahren, und raumschot ist es besser, ein bisschen mehr Bauch zu fahren. Geht der Wind etwas runter, gibst du mehr Bauch, wird der Wind um drei, vier Windstärken stärker, ziehst du kurz hinten an und kannst immer noch ohne Unterbrechung weitersurfen.

FUSSSCHLAUFEN UND PADS

Fußschlaufen

Einerseits müssen sie weich sein, andererseits müssen sie die Kraft direkt übertragen, sonst werden die Beine müde. Meine Fußschlaufen habe ich selbst entwickelt, die passen und werden nur minimal verbessert. Ich fahre seit mehr als zehn Jahre die gleichen Schlaufen. Man braucht das Rad nicht zweimal erfinden.

Pads

Die Pads sind beim Slalom und beim Speed drei bis vier Millimeter. Und ein bisschen dicker bei den Waveboards. Wichtig sind die Pads für die Gelenke. Wenn du so oft windsurfen gehst wie ich und keine Pads nimmst, sind die Gelenke irgendwann hinüber. Für die Welle sind sie ein bisschen weicher, beim Slalom und beim Speed ein bisschen dünner, aber immer mit ausreichend Federung.

TRAPEZ UND NEOPRENANZUG

Trapez

Bei Welle fahre ich ein Hüfttrapez. Bei Slalom und Speed fahre ich mit Sitztrapez. Die Hakenform ist ganz genauso, wie du sie im Geschäft kaufen kannst. Ansonsten muss das Trapez einfach gut passen und bequem sein.

Trapeztampen

Ich setze Spectra-Tampen ein. Diese Tampen sind etwas glatter als andere und lassen sich leichter trimmen. Vario-Trapeztampen sind zu empfehlen, mit 24 bis 30 oder 20 bis 26 Inch Länge. Bei einfachen Bedingungen mit glattem Wasser sind längere Trapeztampen angenehmer zu fahren. Bei ganz schwierigen Bedingungen ist ein längerer Trapeztampen einfacher zu fahren. Wenn man ein bisschen müde wird, kürzt man den Tampen um ein paar Zentimeter, dann baut sich weniger Druck auf den Armen auf. Wenn man einen Kreuzkurs fährt, ist es ebenfalls besser, mit etwas kürzeren Tampen zu surfen. Die meisten Hobbysurfer fahren allerdings mit viel zu kurzen Tampen und wissen es gar nicht.

Neoprenanzug

Mein Lieblingsneopren ist der Shorty. Klar. Damit hast du ein bisschen Impact Protection, also Aufprallschutz bei Stürzen, und auch etwas Sonnenschutz, und nichts stört dich.

GEWICHTSWESTE, HELM, GPS

Gewichtsweste beim Speedfahren

Die Gewichtsweste beim Speed ist für extreme Bedingungen im Wettkampf drei bis vier Kilo schwer, manchmal auch fünf Kilo. Und beim Rekordversuch geht das rauf bis acht und neun Kilo. Das bringt zusätzliche Balance, die du aufs Brett und aufs Rigg bringen kannst, denn das Extragewicht hilft dir, das Material ein bisschen stabiler zu halten. Wenn du aber jeden Tag mit fünf Kilo Weste windsurfen gehst, dann musst du bald zehn Kilo fahren, damit es irgendetwas bringt. Wichtig ist aber auf alle Fälle eine Schutzweste beim Speedfahren. Auch wenn kein Gewicht drin ist. Nur damit kannst du die Rippen schonen. Das hat mir persönlich schon sehr oft die Rippen gerettet.

Helm

Mit Helm fahre ich ganz selten, aber in extremen Bedingungen kann es Sinn machen.

GPS

Mit GPS fahre ich fast immer, wenn ich Slalom oder
Speed fahre. Es wird von immer mehr Freeridern
und Slalomwindsurfern genutzt und natürlich von
fast allen Speedwindsurfern. Das GPS ist einfach
ideal, um sich selbst zu motivieren. Du kannst
sehen, wie viele Minuten du tatsächlich an dem
Tag gesurft bist, wie hoch deine Durchschnittsgeschwindigkeit,
wie hoch dein Topspeed war. Du kannst deine Zeiten mit denen deiner Kumpels vergleichen und natürlich mit den eigenen – von Tag zu Tag, von Monat zu Monat, von
Windstärke zu Windstärke. Und du kannst die Kurse gut austesten: Was ist wirklich mein bester Kurs? Bin ich im Halbwind am schnellsten, bin ich raumschot am schnellsten, bin ich auf
der Kreuz am schnellsten? Mit einem Produzenten aus Norddeutschland entwickle ich gerade
ein besonderes Modell, bei dem man die Ergebnisse live zum Strand übertragen kann.

DIE FIRMA PROOF

Wie alles begann

Proof wurde 1987 gegründet. Heute wird die Firma von den Eigentümern Carlos Sosa, Orjan
Jensen und Bjørn Dunkerbeck geführt. Standort der Fabrik ist Vecindario auf Gran Canaria,
genau zwischen den beiden Worldcup-Spots Pozo und Vargas gelegen. Dort gibt es elf Monate
im Jahr Wind, und so können die Proof-Boards fast täglich getestet werden.

Carlos Sosa, Shaper von Proof, baut Bretter für den Endkunden, Bretter, die früher nur den Profis vorbehalten waren. Sein erstes Board nahm 1981 unter seinem Hobel Form an. Carlos Sosa,
selbst ein hervorragender Windsurfer, wollte natürlich auch für sich selbst immer die besten
Bretter. Bjørn hat das rasch erkannt und seine ersten Boards bei Carlos bestellt.

Von da an entwickelten sie gemeinsam zukunftsweisende Designs: extrem leichte Surfboards,
die unter allen Bedingungen getestet wurden – in den höchsten Höhen, bei den radikalsten
Manövern, in jeder Wind- und Wellenformation. Aus dieser gemeinsamen Leidenschaft heraus
entstand die Firma Proof, die die Designs und Shapes, die Bjørn auch für sich selbst entwickelt, für jeden Windsurfer der Welt zugänglich macht – und zwar in exakt derselben Qualität:
Boards mit minimalem Gewicht und maximaler Belastbarkeit. Wie stark Bjørn sein Brett be-

lastet, ist legendär. Selbst seine Supersprünge in Pozo (mit einem Gewicht von über 100 Kilogramm) bei mehr als 50 Knoten Windgeschwindigkeit dürfen einem Proof-Board nichts anhaben. Und da leichte Bretter schneller ins Gleiten kommen, werden sie trotz der hohen Belastungen möglichst leicht gebaut. Die Full-Custom-Technologie, also alles Erdenkliche wirklich in Handarbeit zu fertigen, macht das möglich. Proof wurde damit zu einem der weltweit führenden Windsurfboard-Produzenten. Wichtig ist den Jungs von Proof dabei, dass alle Boards in Konstruktion, Material und Gewicht mit den Boards der weltbesten Windsurfer identisch sind. Und obwohl alle Bretter handgefertigt sind, baut Proof über eine gut organisierte Fertigung die Boards zu einem beeindruckend günstigen Preis.

Bautechnik von Proof

»Wir haben drei Wave-Linien bei Proof, eine Freeride-Linie und eine für Onshore-Bedingungen mit kleinen Wellen. Es gibt eine Linie für europäische Down-the-line-Verhältnisse, und es gibt eine für richtig radikale hawaiianische, tahitianische, mauritische und kapverdische Bedingungen.«

Der Kern der Boards besteht aus Polystyrol, ein amorpher, transparenter oder teilkristalliner Thermoplast. Die geringe Luftfeuchtigkeit, die auf Gran Canaria herrscht, sorgt dafür, dass die Kerne sehr wenig Feuchtigkeit anziehen und dadurch extrem leicht bleiben. Über eine Vakuumtechnik wird speziell ausgewähltes Glasfasermaterial mit Karbonlagen in einer extrem stabilen und leichten Kombination aufgebracht und mit dem Kern verbunden.

Thommen und Dunkerbeck – die gemeinsame Custom-Board-Schmiede

»Die Freeride- und Slalombretter entwickle ich mit Peter Thommen. Wir sind mittlerweile schon seit 20 Jahren ein Team, seit meiner F2-Zeit. Seit 15 Jahren entwickle ich parallel dazu die Waveboards.«

Bjørn Dunkerbeck und Peter Thommen – diese beiden sind Legende. Ihre Arbeit hat den modernen Windsurfsport wesentlich geprägt. Sie sind das erfolgreichste Duo, das je im Worldcup aufgetaucht ist. Bjørns Seriensiege im Slalom und Kursrennen hat er reihenweise auf Brettern von Peter Thommen eingefahren. Bjørn verließ im Jahr 2000 F2, und die Partnerschaft ging für kurze Zeit verloren. Aber der Weg zurück war ein kurzer, als Peter sich dann mit seiner eigenen Firma T1 selbstständig machte. Die Kooperation zwischen T1 und Bjørn hat eine Custom-Board-Schmiede entstehen lassen, die sich nun gemeinsam an die magische 50-Knoten-Schallmauer herantastet.

Kapitel 8

WAVERIDING

**In der langen Liste der Erfolge von Bjørn Dunkerbeck
ist ein Titel sogar für Bjørn selbst etwas Besonderes:
der Titel des PWA Wave World Champion
im Jahr 2001. Ein Jahr, in dem Bjørn
sein ganzes Können zeigen konnte.**

DER WETTBEWERB

Warum war Wave 2001 so wichtig für dich?

Warum? Weil ich vorher schon gesagt habe, dass ich gewinnen will und gewinnen werde.

Ich habe das Racing deswegen sein lassen und habe den Wave geschafft. Obwohl jeder geglaubt hat, das kann nicht sein, dass es der große Dunki noch mal schafft, in seinem Alter. Und in dieser Zeit habe ich immerhin auch schon 100 Kilogramm gewogen. Das kommt noch dazu.

Der Unterschied zu den Titelsiegen im Jahr 2001 im Vergleich zu den Siegen in den Jahren davor war ganz eklatant. Früher ist jeder im Slalom angetreten, im Kursrennen und in der Welle. Das heißt, an einem Tag des Contests bist du Slalom gefahren, am nächsten Tag Welle. In den Jahren 1996 und 1997 kamen dann Jason Polakow und ein paar andere dazu, die nur noch Welle gefahren sind. Und parallel dazu gab es Leute wie Torkil Kristensen und Micah Buzianis, die nur noch Racing gefahren sind. Das heißt, die einen haben sich gut erholt, während die anderen Welle gefahren sind, und dadurch haben sie sich voll auf das Kursrennen konzentrieren können. Und umgekehrt genauso.

Wenn du ein bis zwei Slaloms fährst und am nächsten Tag Welle fahren musst, bist du automatisch ein bisschen steifer. Am Tag davor hast du das Riesensegel möglichst statisch gehalten, damit du maximale Geschwindigkeit erreichst, und am nächsten Tag musst du geschmeidig sein, damit du die Welle genießen kannst. Wenn du jetzt nur in der Welle fährst, bist du erstens gut erholt und zweitens hast du keine Säure in den Muskeln. Deshalb habe ich zwölf Jahre lang den Gesamtsieg gewonnen. Zwölfmal muss reichen. Und wenn ich noch mal Weltmeister werde, möchte ich das in der Welle werden. Also konzentriere ich mich voll auf die Welle und schau vielleicht später, ob ich es dann wieder mal in einer anderen Disziplin schaffe. Und so habe ich intensiver an der Verbesserung meiner Gelenkigkeit gearbeitet und den Wettbewerb auch dementsprechend gut absolviert. Die paar Mal, bei denen ich Zweiter geworden bin, sind eigentlich nur passiert, weil während der Wettbewerbe brutal wenig Wind war, und da hatte ich mit meinem Gewicht null Chancen.

Das Programm für den Sieg

Am Beginn des Heats fährst du vor allem die Manöver, die du sicher kannst, und gegen Ende riskierst du immer mehr, weil ja nur die drei besten Sprünge und die drei besten Wellenritte bewertet werden, auf einer Skala von eins bis zwölf. Dann werden die Sprünge mit drei multipliziert und die Wellenritte, je nach Schwierigkeitsgrad der Bedingungen, mit drei, vier oder fünf multipliziert, also etwas mehr. Damit hast du dein Endresultat.

Beim Sprung wird der Schwierigkeitsgrad bewertet, die Höhe und die saubere Landung. Für den Wellenritt wird die Länge der Welle bewertet, die Höhe der Welle und die Variation der Manöver, also der Cut Backs, der Bottom Turns und der 360er, die du auf einer Welle fährst.

Du siehst also zu, dass du gleich am Anfang des Heats möglichst alle erforderlichen Variationen unterbekommst. Und dann steigerst du den Schwierigkeitsgrad während der zweiten Hälfte des Heats. Du packst also zuerst deine drei Sprünge und deine drei Wellenritte rein, und dann kannst du schon mal bis zum Ende der Session mehr

`Wenn das Timing passt: Table Top`

riskieren, sodass du die Punktzahl noch hinaufschrauben kannst. Dann timst du noch die Sets von den Wellen und schaust, dass du nicht blind durch die Gegend fährst. Das ist alles.

Eine klassische Variation à la Dunki

Die Sprünge sind relativ zügig gemacht, drei Sprünge, einen Vorwärtsloop, den hast du ruck, zuck hinter dir, dann drehst du einen Table Top hoch und machst einen Backloop. Damit hast du drei verschiedene Sprünge, die du aber nicht gleich fünf Meter rausjagst und dadurch das Brett in zwei Teile brichst, das bringt auch nichts; sondern du gehst zuerst einmal auf eine sichere Höhe. Damit hast du die drei erforderlichen Sprünge und genug Zeit, drei gute Wellen zu erwischen. Und dann springst du am Ende des Heats die Manöver noch ein bisschen höher und radikaler. Dann geht's noch mal voll ab in der Welle. Und dann sind die acht oder zehn Minuten auch schon vorbei.

Ausscheidungen fahren

Heute musst du schon im ersten Heat wirklich aufpassen und alle Manöver hinlegen. Und die musst du auch noch perfekt stehen, sonst bist du draußen. Im zweiten Heat wird's schon schwieriger, und im dritten kann es sein, dass ein einziger Patzer reicht, etwa, wenn du das Set nicht gut triffst. Da sind die paar Minuten ganz schnell vorbei, und du bist draußen.

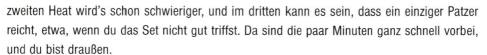

Die Anpassung des Programms an unterschiedliche Reviere

In Pozo auf Gran Canaria fährst du bei viel und auflandigem Wind, da hat Springen die absolute Priorität, und du musst die Wellen von links gut abreiten können. In Ho'okipa auf Hawaii hat das Wellenabreiten absolute Priorität. Da schaffst du vielleicht einen Sprung und drei Wellenritte, weil der Wind für mehr nicht ausreicht. Auf Fidschi werden nur Wellenritte gewertet, und du musst dich ganz anders darauf einstellen, denn mal kommt der Wind von links und mal von rechts. Auf Sylt kannst du morgens Wind mit acht Windstärken von links haben und am Nachmittag Wind mit vier Windstärken von rechts. Dementsprechend baust du dein Programm natürlich um.

Warum bist du nie Doppelloopings im Contest gesprungen?

Im Training habe ich es oft versucht und bin dabei kräftig aufs Maul geflogen. Gott sei Dank habe ich mich nie so sehr verletzt, dass ich nicht mehr weitersurfen konnte. Von zehn Teilnehmern, die es im Wettbewerb probiert haben, haben es zwei geschafft, das Manöver zu springen, fünf haben es nicht geschafft und ihren Wettkampf verloren, und drei sind den Rest des Jahres nicht mehr mitgefahren. Heute ist das Manöver aber schon völlig normal.

Welle von links oder rechts

Es gibt wenige, die links und rechts genauso gut springen und abreiten können. Wenn du die 20 besten Surfer nimmst, haben davon 18 ihre ganz persönliche Schokoladenseite.

Die Welle von links, im Sinn von links springen, war eine gängige Sache, die Welle von rechts zu springen, musste ich erst mal lernen. Wellenabreiten konnte ich natürlich schon, ich war ja oft genug am Mosca Point auf Gran Canaria draußen gewesen, aber ich bin die Manöver nicht so radikal gefahren wie vielleicht die anderen. Wir waren auf den Kanaren eben nur Wellen von links gewohnt. Auf einmal musst du sie von rechts fahren, das ist dann eigenartig. Wenn du jung bist, machst du es halt ein paar Wochen lang, und dann denkst du nicht mehr drüber nach.

Das mit dem Wellenabreiten generell habe ich auch erst wirklich auf Hawaii gelernt. 1986 war ich das erste Mal auf Hawaii, danach jedes Jahr bis 1990, und dann habe ich als erster Europäer die Aloha Classics gewonnen. Davor war ich der erste Europäer, der unter die ersten drei gekommen ist, und der Erste, der bis ins Finale gefahren und Zweiter geworden ist. Ich muss das Wellenabreiten also relativ schnell gelernt haben.

Stilfrage

Kleine Fahrer sind im Stil etwas weicher, etwas langsamer als die schwereren Fahrer, die schneller unterwegs sind. Klar ist: Je schneller du fährst, umso schwieriger wird alles, aber umso radikaler schaut es auch aus. Im Prinzip ist höher und sauber wesentlich schwieriger als niedriger und sauber, weil du mehr Wucht aufs Wasser bringst, wesentlich mehr Kraft freisetzt. Wenn du langsam fährst, kannst du na-

Volle Kontrolle bei vollem Druck

türlich drei Kurven mehr fahren. Bei einer Dreimeterwelle, bei der du in Zeitlupe die Welle rauf- und runterfährst, bekommst du beim Aerial den Hintern gerade einmal kurz aus dem Wasser, das ist nicht gerade spektakulär. Schnell ist, wenn du in die Kurve gehst, und die Fontäne neben dir spritzt zwei, drei Meter hoch von der Kante weg. Da weißt du, jetzt ist Druck auf der Kante, und du hast nicht so ein Schummelteil hingelegt, bei dem du um die Ecke gegangen bist. Oft fahren kleine leichte Fahrer nun einmal sehr langsam; sie fahren dabei zwar enge Kurven, aber so extrem langsam, dass du dabei fast einschläfst. Leider muss ich sagen, dass viele Juroren oft auch nicht unterscheiden können, was wirklich schwieriger ist, weil sie selbst nicht gut genug windsurfen. Die denken, dass langsame und viele Kurven schwieriger sind als schnelle und radikale.

Qualität im Waveriding

Im Waveriding, bei dem jeder Heat nur acht Minuten dauert, sollte man für die Finalläufe 12, 14 oder 18 Minuten ansetzen und damit das Semifinale und das Finale aufwerten, damit wirklich der Bessere gewinnt. Dadurch bleibt das Ergebnis nicht nur Zufall, weil einer eine größere Welle erwischt hat, sondern es kommt die Qualität des Fahrers durch. Das ist ein Ergebnis, bei dem man fühlt: Das war ein geiles Rennen. Und nicht eine halbe Single-Elimination, in der du mit dem Riesensegel fahren musst, weil du sonst nicht ins Fahren kommst, und es einfach Zufall ist, ob du jetzt Zweiter, Dritter, Erster bist oder eben Siebter. Und das ist dann auch vollkommen egal, weil das Ergebnis ohnehin nichts aussagt.

Eine Doppel-Elimination, also eine Ausscheidung mit zwei Durchgängen zu machen, das hat was. Wenn man aber eine Single-Elimination fährt, weil es nur noch einen halben Tag lang ausreichend Wind hat und nur noch ein halber Meter Welle übrig ist, dann hat das keinen Gegenwert mehr. Das ist leider oft passiert. Und deswegen habe ich in der Welle weniger Weltmeisterschaftstitel als ich haben könnte. Zuerst habe ich da zum Beispiel die Doppel-Elimination gewonnen, und in der nachfolgenden Single-Elimination, in der nur mehr ein halber Meter Welle übrig und zudem böiger Wind war, bin ich manchmal sogar ausgeschieden.

Freestyle-Elemente im Waveriding

Bei den Sprungkategorien zählen die Kombinationssprünge natürlich sehr viel. Und durch Freestyle-Elemente kannst du die Punkte noch hochschrauben. Bei kleinen Wellen haben die Free-

Waveriding | **139**

styler damit riesige Vorteile. Die Jungs kannst du hochwerfen, und sie kommen immer wieder auf ihre Beine runter und brauchen nicht viel Höhe dazu. Sobald dann aber eine zwei oder drei Meter hohe Welle dasteht, versuchen sie zwar das Gleiche noch mal, aber dann ist es nicht ganz so einfach, die Manöver auch zu stehen, und oft werden sie gründlich gewaschen. Dann gleicht sich das wieder aus.

Die generelle Entwicklung hin zum Freestyle ist aber ganz normal. Es wird immer radikaler werden, Kombinationen werden hinzugefügt und ein guter Freestylemove, während eines Wellenritts sauber gestanden, ist nichts anderes als ein Wave-360er oder ein Goiter.

Judges, Judges, Judges

Die Kombinationen werden immer extremer, und es wird immer schwieriger für die Juroren zu unterscheiden, ob der Teilnehmer das Manöver wirklich auf der Welle fährt oder ob er schummelt. Ich habe nichts gegen Freestyle-Kombinationen auf der Welle, wenn sie sauber ausgeführt sind; aber geschummelt und dann gepunktet, das ist nicht okay. Denn unter den Freestylern gibt es auch diejenigen, die von der Welle wegfahren, ihren Move vor der Welle machen und sich danach wieder auf die Welle zurückfallen lassen. Ein nicht geschulter Wave-Judge sieht und bewertet das als voll gültigen Wellenritt, obwohl es im Grunde lediglich Schummelmanöver waren.

Beim Freestyle ist es schon länger so, dass die Judges vor dem Wettkampf mit einigen Fahrern 20, 30 Minuten sprechen, um zu hören, welche neuen Manöver kommen werden, und um dann zu sagen, wie man hier punkten wird. In der Welle ist das bereits ähnlich.

VERHALTEN IM WEISSWASSER

Wenn das Weißwasser dich auffrisst

Dass dich Weißwasser, also das turbulente Wasser der gebrochenen Welle, einholt und du nicht wegkommst, ist mir schon oft passiert. Es geschieht regelmäßig, wenn der Wind sehr ablandig bläst, weil du dann von der Welle einfach nicht freikommst. Du klebst wie eine Fliege an der Wand und kommst einfach nicht weg, und irgendwann bricht dann die Welle auf dich drauf. Wenn sie dich wirklich erwischt, dann ist es sinnvoll, dass du zuerst die Füße aus den Schlaufen nimmst und danach den Gabelbaum loslässt, sonst hast du unter Garantie ein Band geris-

Viel Technik + viel Kraft = Riesen-Spray

sen. Wenn du in den Schlaufen drin bleibst und von einer fünf, sechs Meter hohen Welle gewaschen wirst, sind nämlich anschließend so ziemlich alle deine Bänder gerissen. Da ist es sinnvoller zu sagen: Da komm ich nicht mehr raus, jetzt lass ich Equipment Equipment sein und weg.

Am besten ist es, du versuchst, das Material irgendwie wegzuwerfen. Da kannst du dann noch hoffen, dass es der Wind wegbläst. Je weiter du das Material wegbekommst, desto größer die Chance, dass es heil bleibt. Und dann gehst du möglichst schnell runter, sodass die Welle über dich rüberbricht.

Todesgedanken unter einer Welle?

Hin und wieder gibt's einen Waschgang, bei dem du denkst, jetzt ist mir das Material egal und jetzt schau ich, dass ich selbst rauskomme. Aber da läuft nicht viel ab im Kopf und auch kein innerer Film oder so was, der das Leben noch mal zeigt, weil ich das oft gefragt werde. Da ist es einfach ein bisschen dunkel. Dann wirst du so richtig rumgemöbelt, wobei es dir dann völlig egal ist, was mit dem Material passiert. Du schaust einfach nur noch, dass du wieder heil aus dem Wasser rauskommst.

Wenn du von einer über drei, vier, fünf Meter hohen Welle gewaschen wirst, weißt du erst mal nicht, wo oben und unten ist. Da musst du ein Chill-out machen und schauen, wo du bist. Und dann – irgendwann – hört das Drehen wieder auf. Du drehst dich vielleicht fünf-, sechs-, siebenmal unter der Welle, und dann wird's wieder hell. Und hell ist halt oben. Oder du erkennst den Untergrund – schließlich ist es in den meisten Fällen so tief auch wieder nicht, und dann weißt du: Hey, die andere Richtung ist oben.

Tubesurfen mit dem Windsurfer möglich?

Beim Windsurfen kommst du nicht in die Tube rein. Sehr nah dran kommt man schon, aber wirklich in die Tube hinein, wie beim Wellenreiten, kommst du nicht. Bei großen Wellen bricht das Weißwasser schon fast über dich drüber, bei kleineren Wellen gehst du genau bis zu dem Punkt, an dem das Weißwasser ist, um einen schönen Aerial zu springen. Wenn du die Welle genau an diesem Punkt triffst, fliegst du doppelt so hoch hinaus wie an einem anderen Punkt.

POZO IZQUIERDO

Das Revier

Pozo Izquierdo liegt an der Südostküste von Gran Canaria zwischen Maspalomas und Ingenio. Der Windsurf-Worldcup verhalf dem Ort zu weltweiter Bekanntheit. Die lange Worldcup-Geschichte von Pozo spricht Bände: Hier werden Jahr für Jahr zuverlässig Wavecontests angesetzt und auch ausgetragen. Kein Platz der Welt war bislang im Worldcup windsicherer.

Pozo Izquierdo liegt in der Gemeinde Santa Lucía. In El Arenal, so nennen die Einwohner Pozo, weht der Wind von links und das ausgesprochen stark. Der Strand hat glatt geschliffene, große Steine und feinen schwarzen Sand, ist einen halben Kilometer lang und im Durchschnitt 20 Meter breit. Der Ein- und Ausstieg erfordert ein gutes Timing: In den Sommermonaten hat man hier selten mehr als 4,5 Quadratmeter Platz, aber auch in den Wintermonaten ist Pozo stark frequentiert. Insgesamt weht es dort mit 15 bis 50 Knoten an mehr als 250 Tagen im Jahr.

Die Gemeinde und die Europäische Union haben viel Geld in die Infrastruktur gesteckt. So gibt es in Pozo neben einem großen neuen Worldcupzentrum neue Parkplätze inklusive Parkplatzbeleuchtung. Es gibt Reinigungsbecken für Surfsegel und eine neue Zuschauertribüne. Das Worldcupzentrum mit Restaurant und großer Fensterfront sorgt für den uneingeschränkten Blick über den ganzen Spot. Dank einer neuen Betonrampe kann auf dem Parkplatz bequem aufgeriggt und das Material leicht ans Wasser gebracht werden, ohne dass man sich dabei die Füße kaputt macht.

Zahlreiche Windsurfer schlagen in Pozo jährlich ihr Winterquartier auf, denn der Spot zählt während der Wintermonate zu den windsichersten Revieren in Europa. Und: Pozo hat etliche der weltbesten Surfer hervorgebracht, darunter Daida und Iballa Moreno, Orjan und Vidar Jensen, Marcos Pérez, Darío Ojeda, Jonas Ceballos und natürlich Britt und Bjørn.

Pozo, der Lehrmeister

Pozo war in meiner Jugend sicher wichtig für mich. Dort hatte ich den Vorteil, dass ich sehr viele Stunden mit sehr viel Wind erlebt hatte. Wenn du viel Wind kennst, dann besitzt du einfach doppelt so viel Kontrolle, im Gegensatz zu einem, der nur Leicht- oder Mittelwind gewohnt ist. Wenn du 30 bis 40 Knoten Wind gewohnt bist, dann sind 20 Knoten ein Kindergeburtstag. Und das war der große Vorteil, speziell in meinen jungen Jahren.

Der Weltcup wird schon seit 1989 in Pozo ausgetragen. Mittlerweile kommen auch alle Weltcupfahrer Tage vor dem Wettbewerb nach Pozo, um zu trainieren, damit sie unter den dort vorherrschenden Bedingungen überhaupt eine Chance haben. Würden sie erst einen Tag vorher ankommen, würden sie gleich in der ersten Runde rausfallen. Selbst Weltcupfahrer denken also: Aha, man muss doch aufpassen, damit man keine Ohrfeige bekommt. Denn auch renommierte Fahrer sind in Pozo ins Wasser rein und drei Minuten später unten beim Bunker [ein Gebäude am südlichen Ende des Strandes] mit zerstörtem Material und See-igeln im Fuß wieder rausgekommen.

Sprungrevier Nummer eins

Pozo ist definitiv der windigste Spot, an dem man die meisten Sprünge innerhalb einer Stunde genießen kann. Das Springen geht dort schon fast ins Fliegen über. Du kannst die Höhe richtig genießen. Du kannst in Pozo alle Sprünge machen, sogar vier verschiedene Sprünge auf einem Weg hinaus, während du in Ho'okipa auf Hawaii oft drei Tage dafür brauchst. In Pozo gibst du einfach Vollgas, ziehst die Welle rauf und dann einfach raus, so hoch wie es nur geht. Dann drehst du vorwärts oder rückwärts. Wow! Backloops und Frontloops kannst du mit zehn Meter Höhe springen, und wenn du da mal eine Kerze rauslässt, dann geht's auch bis 13, 14, 15 Meter übers Wasser. Die Wellenhöhe muss dafür gar nicht so großartig sein, es reicht, wenn du eine Zweimeterwelle hast, denn du bekommst so viel Luft unter das Brett und hast so viel Speed in deinem Drift, dass es dich hochschleudert. Es ist fast besser für dich, wenn es nur zwei bis drei Meter hohe Wellen hat, da kommst du besser zurecht als an den Tagen, an denen die Welle noch größer ist. Das ist ein sehr aktives Windsurfen, kein Rumstehen und Raustreiben aus einem Kanal. In Pozo ist immer Vollgas angesagt, beim Rausfahren und beim Reinfahren. Wenn man eine Viertelstunde durchzieht, ist die Pumpe auf 160 bis 180 Schlägen pro Sekunde.

Ideales Equipment für Pozo Izquierdo

Um wirklich Spaß zu haben, sind für mich 30 bis 40 Knoten Wind ideal. Ich fahre dann Segelgrößen von 4,5 oder 4,2 Quadratmetern. Andere fahren zur gleichen Zeit mit 4,0 und 3,7. Das Brett hat bei mir 75 bis 80 Liter; die kleineren Surfer nehmen dementsprechend weniger. Gute Tage gibt es in Pozo immer wieder, zum Glück; Tage mit drei bis vier oder sogar mit fünf Meter hohen Wellen. Und bei ablaufendem Wasser ist die Welle in Pozo sehr sauber, es gibt kaum Kabbelwellen. Je nachdem, wie der Swell kommt, der Wind also nicht auflandig hereinkommt, bleibt die Welle auch sehr sauber.

HO'OKIPA BEACH PARK

Das Revier

Ho'okipa ist der bekannteste Windsurfspot der Welt und liegt auf der hawaiianischen Insel Maui, direkt am Highway 36, zwei Meilen östlich von Paia. Ho'okipa bedeutet in der hawai-is-chen Sprache ›Gastfreundlichkeit‹. Meist weht der Nordostpassat entlang dieses Küstenab-schnitts. Damit kommt der Wind sideshore, also Halbwind von rechts, und wird tagsüber durch den Abhang des Haleakala-Kraters noch einmal verstärkt.

Das Besondere an Ho'okipa ist, dass das Spartan Reef, ein Korallenriff, das sich von Kanaha bis Jaws erstreckt, be-sonders nah am Ufer entlang verläuft. Das Riff befindet sich je nach Ebbe und Flut in nur 50 bis 100 Zentimeter Tiefe. Die Dünungswellen des Nordpazifiks laufen je nach Swell in einer mehr oder weniger sauberen Rechts-welle ab. Eine 100-Meter-Lücke im Riff ermöglicht außerdem selbst bei bis zu acht Meter hohen Wellen einen gezielten Ausstieg aus der Welle.

Der Einstieg am Strand ist allerdings sehr schwie-rig, und die mächtigen Brecher erzeugen starke Strömungen. Misslingt der Start, gelangt man in-nerhalb weniger Sekunden in das Mahlwerk der Wellen und landet kurz darauf am Felsen. Nur die Top-300-Windsurfer der Welt sind daher in der Lage, bei mehr als vier Meter hohen Wellen hinauszugehen.

Zweimal jährlich wird Ho'okipa zum Mekka für alle Surfbegeisterten: Ende März findet der PWA Worldcup statt, Anfang November die Aloha Classics.

Wie funktioniert Ho'okipa?

Es gibt drei Riffe, und zwischen diesen Breaks ist immer wieder ein Kanal, in dem das Was-ser, das die Brandung hereingedrückt hat, wieder aufs offene Meer hinausfließt. Diese Kanäle musst du nutzen, um aus der Brandungszone rauszukommen, sonst kommst du nämlich gar nicht hinaus. Der bekannteste Kanal ist der vor dem Felsen. Da hast du einen Meter Platz, und durch diesen Kanal musst du durchfahren. Das ist definitiv am einfachsten, auch wenn es noch so brutal aussieht. Du fährst einfach einen Meter vor dem Felsen entlang. Jeder, der das nicht kennt, denkt, die sind verrückt, aber es ist tatsächlich das Einfachste. Du gehst in die Strömung hinein, und schon bist du draußen. Jeder, der nicht in die Strömung, sondern stattdessen ins Weißwasser hineinfährt, turnt eine halbe Stunde rum, bis er endlich draußen ist. Aber sicher haben rund 90 Prozent all derer, die in Ho'okipa rausgehen, keine Ahnung, dass es den Kanal an dieser Stelle überhaupt gibt.

Die Strömung zieht dich hinaus

Die Strömung im Kanal in Ho'okipa zieht dich dabei mit fünf, sechs Knoten hinaus. Die Kehrseite ist natürlich, wenn du stürzt. Dann wirst du ebenfalls einfach hinausgezogen, da hast du überhaupt keine Chance, dagegen anzuschwimmen. Ob das nun Ho'okipa oder Kanaha ist, wenn du in die Strömung eines Kanals gelangst und nichts davon weißt, bist du auf einmal einen Kilometer weit auf dem offenen Meer draußen. Das sieht man jeden Tag, wenn die Wellen groß sind. Mir ist es dabei sogar schon passiert, dass ich den Mast gebrochen habe; kommst du also nicht ruck, zuck in die richtige Breakzone, wirst du einfach rausgezogen.

Mit gebrochenem Material in Ho'okipa

Wenn du wie ich mit einem gebrochenen Mast bei Wellen mit 1,5 m Masthöhe aufs offene Meer rausgezogen wirst, dann bleibt dir nichts anderes übrig, als draußen abzuriggen und dann einfach abzuwarten, weil du ohnehin rausgezogen wirst. Dagegen anzuschwimmen, kannst du vergessen. Sobald du außerhalb der brechenden Zone bist, schwimmst du von der Strömung, die dich rauszieht, weg, packst dein Material eng zusammen und wartest ein Set ab, lässt das Wasser also unter dir durchlaufen. Sobald das Set da gewesen ist, paddelst du, so schnell es geht, in Richtung Strand. Natürlich nicht innerhalb des Kanals, sondern in der Zone der brechenden Wellen. Und du gibst echt Gas beim Paddeln, denn du weißt, dass du natürlich das nächste Set voll aufs Dach bekommst. Also schaust du zu, dass du schon möglichst nahe am Strand und nicht in der heißesten Zone bist, wenn die Wellen mit voller Kraft über dich hereinbrechen. Falls du es nicht schaffst, wirst du eben wieder rausgespuckt. Bei kleinen Wellen ist so eine Aktion völlig egal, aber bei großen Wellen musst du schon kräftig mitdenken.

DIE NORDSEE UND SYLT

Das Revier

Die Nordsee ist sehr tiefdruckorientiert. Es herrschen radikale Bedingungen, von Irland über Holland bis nach Sylt und Dänemark. Die Bedingungen sind hart und sehr wechselhaft. Du musst auf alles gefasst sein. Es ist eine andere Form des Anreizes. Windsurfen mal nicht wie im Bilderbuch, mit schönen Wellen, grünem Wasser und 28 Grad Lufttemperatur, sondern die harte Variante. Du kannst aber in Irland richtig gute Tage vorfinden, und auch auf Sylt. Die Wellen vor Sylts Westküste brechen über Sandbänken, deren Lage sich aufgrund der Strömungsverhältnisse und

Worldcup auf Sylt

der starken Herbst- und Winterstürme permanent verändert. So kommt es vor, dass Sandbänke von einer zur nächsten Saison gänzlich verschwinden oder zumindest an ganz anderen Stellen wiederzufinden sind. An guten Tagen kannst du dann mit einer Segelgröße von 4,2 und 4,5 Quadratmetern mit Vollgas unterwegs sein, und es geht so richtig die Post ab.

Ich kann mich an Wettbewerbe erinnern, bei denen die Hälfte der Weltcupfahrer nicht mal durch den Shorebreak gekommen ist, weil es so radikal war. Ich hatte auf Sylt bei leichtem Wind auch schon meine Probleme, als der Shorebreak extrem war. Da habe ich meinen Gabelbaum gebrochen, musste zurück und bin nicht mehr rausgekommen. Der Wind war einfach zu schwach geworden, um die Uferzone zu überwinden, die Strömung war dementsprechend stark, und ich bin rausgeflogen aus dem Vorlauf. Ich habe übrigens deswegen den Weltmeistertitel verloren, weil ich an diesem Tag nicht weitergekommen bin. Der große Vorteil an Sylt ist natürlich die Faszination, die von den Zuschauern ausgeht. Der Surfcup auf Sylt gilt als die größte Funsport-Veranstaltung in Deutschland. Fast jedes Jahr werden Zuschauerrekorde gebrochen. Du siehst zwischen 100 000 und 200 000 Zuschauer in einer Woche auf Sylt kommen, je nachdem, wie das Wetter gerade ist. Der Rekord lag bei über 200 000 Zuschauern. Das hat schon was!

Waveriding | 147

Kapitel 9

WATERMAN

Bjørn wurde sehr oft als Waterman betitelt, weil er eben nicht nur Windsurfer ist. Sein Leben spielt sich am und im Ozean ab. Seine Liebe gilt dem Meer. Sein Verständnis für die Strömungen, sein Wissen über Haie, Wellen, über die Zusammenhänge von Fauna und Flora sind durch seine jahrzehntelange Verbundenheit mit dem Wasser geprägt. Er liebt es, Muscheln an den Stränden zu sammeln und mit nach Hause zu nehmen; sie liegen dann überall als Dekoration herum. Die Kinder bekommen ein paar, alle anderen werden in einer immer gewaltiger werdenden Sammlung aufbewahrt. Muscheln aus Mexiko, von Fidschi, Tahiti, Sylt und Gran Canaria, von Oahu, Maui, den Kapverden und von Hunderten Stränden dieser Welt. Bjørns »Sammelleidenschaft« geht aber noch weiter. Er, der sonst weder Postkarten sammelt noch Teilnehmerausweise, weder Medaillen noch Flugtickets, weder Bilder von Siegerehrungen noch Ergebnislisten der Worldcups, erfindet eine ganz besondere Form des Sammelns, die viel über ihn aussagt. Sie erzählt von seiner Liebe zum Wasser, seiner Verbundenheit mit diesem Element: Bjørn hat jedes Surfrevier dieser Welt schon gekostet.

IN SEINEM ELEMENT

Der Geschmack des Meeres

Ich verbringe zwischen 250 bis 300 Tage im Meer, am Meer und auf dem Meer. Und das schon seit 20 Jahren. Ein Leben ohne Meer kann ich mir nicht vorstellen. Nicht im Meer zu sein, ist für mich undenkbar. Das Meer ist für mich Leben, der Ort, der mir erlaubt, Spaß zu haben, meinen Sport auszuüben, meinen Beruf. Und wenn ich an den verschiedenen Meeren bin, trinke ich immer etwas Wasser daraus. Immer ein bisschen. Einen Minischluck Salzwasser nehme ich so von überall her mit. Und auch von den Flüssen, an denen ich gesurft bin, und von den Seen. Letztlich hab ich sogar wieder einen Schluck aus dem Gardasee genommen. Den ersten habe ich vor mehr als 20 Jahren probiert und den letzten vor wenigen Tagen.

Der Ozean ist wie ein Bruder

Man kann sagen, dass das Wasser oder vielmehr das Meer wie ein Bruder für mich ist. Man lernt mit der Zeit, es zu respektieren, es zu schätzen und es zu bewahren. Jeder Windsurfer könnte ein bisschen mithelfen: Wenn er zum Beispiel den Müll, den er am Strand sieht, nicht einfach liegen lassen, sondern mitnehmen würde. Man muss nicht gleich den ganzen Strand aufräumen, aber wenigstens seinen eigenen Müll sollte man mitnehmen. Und wenn man dann noch was rumliegen sieht, dann sollte man ruhig mal eine Tüte oder zwei zum nächsten Müll-kübel tragen. Damit könnten wir Millionen Windsurfer schon eine große Sache voranbringen. Ich bin zumindest einer, der das immer wieder ganz bewusst macht. Auch beim Tauchen. Wenn ich unter Wasser etwas sehe, was nicht dorthin gehört, und ich hab meine Tauchtüte dabei, dann schmeiß ich das in den Sack. Ich weiß, das ist nur ein Tropfen auf dem heißen Stein, aber wenn jeder, der ins Wasser geht, ein bisschen was an Müll rausholen würde, könnte man doch vieles erreichen.

Die Farben des Meeres

Ich liebe die Farben des Meeres. Ich weiß natürlich, dass Wasser immer transparent ist, seine Farbe nie ändert. Aber die Meeresfarben entstehen in der Reflexion, im direkten Verhältnis zum Untergrund. Wenn du untiefes Wasser hast und darunter zum Beispiel einen Sandboden, dann fährst du auf türkisgrünem Wasser. Du weißt automatisch, dass es hier untief ist. Du passt auf den Untergrund auf und genießt das herrlich leuchtende Wasser. Ein anderer Untergrund, über dem sich das Wasser türkis färbt, besteht aus Sandpartikeln, die durchs Wasser wirbeln. Wenn du große Wellen fährst, wird der Sandboden stark aufgewühlt und färbt alles vor dir wunder-bar türkis. Eine andere Ursache kann die Spiegelung des Himmels sein, der von einem hellen Untergrund reflektiert wird. Hellgrünes, türkisfarbenes Wasser muntert mich sehr auf, gibt mir ein warmes Gefühl.

Dunkelblaues Wasser zeigt dir, dass es tief ist, dass der Meeresboden unter dir rasch abfällt und in die Tiefe geht, oder dass du über felsigem Untergrund angekommen bist. Aber so rich-tig dunkel ist es nur, wenn es unter dir wirklich tief ist. Dunkles, schwarzes Wasser ringt dir immer ein bisschen mehr Respekt ab. Denn du weißt, du musst aufpassen. Du bist meist auch schon sehr weit draußen auf dem Meer.

Zwölfmal um die Erde

Nur im Flugzeug bin ich mehr Meilen unterwegs gewesen als auf dem Surfbrett. Im Flieger hab ich sicher schon fünf Millionen Meilen hinter mich gebracht. Im Auto schätzungsweise 400.000 Kilometer. Am Surfbrett eine halbe Million Kilometer. In einer guten Windsurfsession von einer Stunde kannst du rechnen, dass du zwischen 25 und 30 Kilometer fährst. 100 Kilometer pro Tag sind ein relativ niedriger Wert für mich. Dann bin ich mindestens 250 Tage draußen im Jahr. Also mindestens 25 000 Kilometer im Jahr. Das mal 20 Jahre Surfen. So kommst du auf eine halbe Million Kilometer. Der Äquator hat 40 075 Kilometer. Das bedeutet, ich bin wahrscheinlich mehr als zwölfmal um die Erde gesurft.

TAUCHEN UND FISCHEN

Tauchen – Balance unter Wasser

Eines der Dinge, die mich das Leben unter Wasser gelehrt hat, ist das Gefühl für Balance. Du musst ausbalanciert sein, wenn du dich dort bewegst. Wenn du rumplanschst, siehst du nie etwas. Die Tiere hören dich immer viel früher, als du überhaupt da bist. Das Leben unter Wasser ist so artenreich, dass man es sich kaum vorstellen kann. Wenn man nur vom Strand her auf das Meer sieht, hat man keine Vorstellung davon, welche Vielfalt sich darin verbirgt, was alles im Meer lebt und blüht. Die besten Tauchgänge, die ich gemacht habe, sind wahrscheinlich im Südpazifik gewesen. Vieles ist noch völlig unberührt, der Artenreichtum zwischen den Korallen ist sicher doppelt so groß wie an irgendeinem anderen Platz, an dem ich je getaucht bin.

Ab geht's in Poseidons Reich

Fischen: das ideale Training

Fischen mit Schnorchel und Harpune ist ein gutes Training für große Wellen, weil man während des Abtauchens unter großen Wellen beträchtlich lange die Luft anhalten muss. Das ist einer der Gründe, warum ich das so oft praktiziere. Und es sichert mein Abendessen.

Ich kenne Taucher, die bleiben bis zu fünf Minuten unter Wasser. Bei mir sind es an die drei Minuten, in denen ich die Luft anhalten kann. Aber das musst du regelmäßig trainieren. Wenn ich es länger nicht trainiere, fällt die Zeit bei mir auf eine Minute ab. Aber es geht relativ schnell, dass ich die Zeit wieder auftrainiere. Scott Carvill hält die Luft schon doppelt so lang an wie ich. Der bleibt auch zwei Minuten unten. Das heißt dann Bottom Time: mit Bleigewichten relativ langsam runterkommen und dann auf dem Grund unten bleiben. Wenn du zwei Minuten unten bleiben kannst, dann ist das Fischen eben einfacher. Je länger du die Luft anhalten kannst, umso größer ist die Chance, auch größere Fische zu sehen und wieder mit hinaufzubringen. Während des Runtertauchens sind alle Fische weg. Du musst also relativ langsam runterkommen, ohne dabei zu viel Energie zu verbrauchen, und dann musst du, so lange es geht, abwarten und zusehen, dass du noch genug Luft hast, bis du wieder oben bist.

HARPUNENUNFALL

Das Prinzip des Harpunierens

Wir waren ziemlich weit draußen mit dem Boot. Am Tag zuvor haben wir diese 20 Kilo große spanische Makrele rausgezogen. Das war auch der Tag, an dem ich ohne Verbindungsleine für meine Harpune rausgegangen bin, und ich hätte dabei des Öfteren meine Harpune beinahe verloren. Außerdem kannst du die Harpune ohne Verbindungstau nicht loslassen. Und dann ist halt der Moment gekommen, in dem ich mich entscheiden musste: entweder gleich auf die Harpune verzichten und sie loslassen oder keine Luft mehr bekommen und mit Harpune und Fisch auf dem Meeresgrund bleiben. Wenn dich der Fisch mit 20 Kilogramm Gewicht nach unten zieht, du aber hinauf willst, weil du Luft brauchst, dann ist das nicht ganz so einfach.

Also bin ich am Tag darauf mit einem Verbindungstau hinausgegangen, weil ich so den Fisch harpunieren konnte. Du hältst dich einfach am Tau fest, gehst wieder hinauf an die Oberfläche, und wenn der Fisch müde ist, ziehst du ihn zu dir und dann aufs Boot. Gleichzeitig befestigst du das Tau an einer Treibboje, sodass du immer weißt, wo der Fisch mit deiner Harpune hinzieht und nicht gleichzeitig damit abtauchen kann. Da ist die Chance natürlich sehr viel größer, dass du auch einen größeren Fisch fängst und deine Harpune dabei nicht loswirst, weil du, wenn die Luft raus ist, notgedrungen irgendwann mal loslassen musst.

Durchschuss

Das lief auch sehr gut. Ich hatte an dem Tag bereits ein paar Fische geschossen und aufs Boot gebracht. Dann bin ich leider ein bisschen zu nah an die Küste gekommen, in die Nähe eines Breaks. Und als ich unten auf einen großen Fisch gewartet habe, ist auf der Treibboje über mir eine Welle gebrochen und hat voll am Tau gezogen. Das hat mich natürlich total überrascht und nach hinten gerissen. In dem Moment hatte ich aber den Finger direkt auf dem Drücker, und die Harpune hat sofort ausgelöst. Zack ist das Ding zum gegenüberliegenden Fuß geschossen und hat den Fuß durchbohrt, direkt unter dem Rist hindurch. Dabei ist mir die Harpune aus der Hand geflogen und nach hinten davongeschnellt. Dadurch hat sich zum Glück die Gewalt des Schusses etwas verringert, denn die Harpune hat 300 Pfund Zug draufgehabt; sie war mit drei Gummis aufgezogen. Jeder, der taucht, weiß ungefähr, was das bedeutet. Dabei ist die Spitze unter dem Rist des Fußes durchgeschossen und auf der andere Seite wieder hinaus. Aber eben nur die Spitze. Ich hab es noch irgendwie geschafft, die Spitze wieder rauszuziehen. Ich war schätzungsweise zwischen fünf und zehn Meter unten. Hab gar nicht lange überlegt, sondern instinktiv erst mal geschaut, ob die Spitze drinsteckt oder nicht. Als ich sie gese-

Seit dem Unfall nur mehr ohne Harpune

hen hab, dachte ich nur, oha, das ist nicht gut. Ich hatte aber noch genug Luft und konnte das ganze Teil relativ zügig rausziehen. Nur raus damit, bevor das Bein kalt wird.

Haie

Innerhalb kürzester Zeit war natürlich überall Blut im Wasser. Ich hatte am Vortag Haie gesehen und wollte daher nur erst mal ins Boot hinein, und dann konnte ich weitersehen. Wenn da so viel Blut ist, musst du schon schauen, dass du relativ zügig ins Boot kommst; das Boot war schätzungsweise 20, 25 Meter weg. Zum Glück waren Christian und Gerald schon drin, sind mir entgegengekommen und haben mich dann auch schnell aus dem Wasser gezogen. Aber ich war sicher noch 40 bis 50 Sekunden im Wasser. Das waren lange Sekunden. Als ich im Boot war, hab ich erst mal den Fuß hochgelegt, meinen Finger in die offene Wunde gesteckt und ein T-Shirt rumgewickelt, sodass es nicht mehr so bluten konnte.

Im Landcruiser

Nach 20 Minuten waren wir zurück am Strand und dann rein in den Landcruiser. Ich hab die härtesten Schmerzstiller von Robby genommen – die hatte er von irgendeinem Kite-Unfall. Fuß nach oben, und ab ging's. Das ging alles relativ schnell. In fünf Minuten waren wir schon mit Vollgas unterwegs, und nach zweieinhalb Stunden im nächsten Hospital. Es war Samstagnachmittag, nur ein Notarzt war anwesend, noch mit einem halben Rausch vom Vortag. Der meinte, es sei alles nicht so schlimm, hat die Wunde gleich mit drei Stichen zugenäht und gesagt: »Go back to the camping. Tomorrow you will be back in the water.«

Fehldiagnose

Das hab ich natürlich nicht geglaubt und bin am nächsten Tag nach Perth geflogen. Die haben mir dann die Fäden gleich wieder entfernt und erklärt, der Notarzt hätte wohl keine besonders gute Brille aufgehabt. Ich hab daraufhin beschlossen, zukünftig wohl besser nicht mehr dem erstbesten Arzt zu vertrauen, sondern lieber ein paar Meinungen einzuholen und besser zu zwei, drei verschiedenen Ärzten zu gehen als nur zu einem. Hätte ich dem Ersten geglaubt, wäre ich meinen Fuß losgeworden. So bin ich nach Perth geflogen, und die haben mich gleich mit Vollnarkose und allem, was halt so dazugehört, abgecheckt und verarztet.

Tödliches Tierprotein

Das Kritische ist, dass es nicht so gut ist, in einem menschlichen Körper ein Tierprotein zu hinterlassen; das kann zu einer äußerst unangenehmen Blutvergiftung führen. Erst fault dir dabei das betroffene Körperstück ab, ob es der Fuß oder die Hand ist oder sonst ein Körperteil. Und dann kannst du relativ zügig an einer Blutvergiftung sterben. Ich war glücklicherweise in Perth in guten Händen. Die haben schon oft einen Harpunendurchschuss gesehen und wussten auch gleich, wie sie damit umgehen müssen. Solche Wunden darf man nicht zunähen, sondern man muss sie richtig »sanden«, also mit einer Art Sandstrahlgebläse öffnen, damit sie von innen heraus heilen können. Das war auch der Grund, warum ich zehn Tage im Hospital gelegen bin; einfach, damit die Leute sehen konnten, was los ist. Dabei achteten die Ärzte darauf, dass die Wunde nie zuging, damit sie ganz langsam, mit sehr viel Antibiotika natürlich, von innen nach außen heilen konnte. Und erst ganz am Ende haben sie die Wunde zugenäht; die Narbe sieht man heute noch. Als sich nach zehn, zwölf Tagen nichts entzündet hatte, war alles okay. Damit war sichergestellt, dass es keine Blutvergiftung ist, und sie haben mich wieder nach Europa geschickt.

Noch mal Glück gehabt

Im Nachhinein gesehen ist alles ideal gelaufen. Der Knochen war zum Glück heil geblieben, weil die Harpune genau unter dem Knochen durch ist. Sie hat nur einen kleinen Kratzer in einen kleinen Knochen eingekerbt, der Knochen war aber nicht gebrochen. Der Arzt in Perth hat gesagt, »wenn ich mir schon selbst in den Fuß schieße, hätte ich es nicht besser machen können.«

Zusätzliches Glück war, dass ich eine Diamantenspitze verwendet hatte, die keine Widerhacken auf der Spitze selbst hat. Bei einem Diamantenharpunenspitz öffnet sich ein Ring, der als Widerhaken dient, aber das tut er nur bei einem kompletten Durchschuss. Da muss die Harpunenspitze ganz durch den Fisch durch, bevor sich dieser Ring öffnet. Mein großes Glück war, dass eben nur die Spitze auf der anderen Seite rausgeschaut hat, und deswegen war der Ring auch nicht aufgegangen. Ich konnte die Spitze deswegen auch so einfach rausnehmen. Sonst hätte ich auf der anderen Seite den Spitz abschrauben müssen, wie du das bei großen Fischen machst, damit du sie ins Boot bringen kannst. Ich hätte das noch im Wasser machen müssen:

die Spitze und den Ring lösen und dann das ganze Ding herausziehen. Das wäre natürlich eine größere Operation gewesen, aber ich war schon darauf gefasst gewesen, als ich noch unter Wasser den Einschuss bemerkt hatte.

Rekonvaleszenz

Ein Harpunendurchschuss ist relativ blöd, kommt nicht ganz so oft vor in einer Sportlerkarriere, aber man muss halt den entsprechenden Weg gehen, damit alles auch so gut wie möglich und so schnell wie möglich wieder auskuriert ist. Ich bin gleich zwei Wochen in das Rehabilitationscenter in Innsbruck, in dem ich auch nach meinem Snowboardunfall gewesen bin. Wichtig war, dass der Fuß gut durchblutet wird, damit die Wundheilung so schnell wie möglich voranging. In der Zeit habe ich auch versucht, den Rest des Körpers irgendwie fit zu halten, mit Gewichteheben, Radfahren, Im-Wald-Laufen. Und als letztendlich alles zugewachsen war, musste ich viel laufen, um die Bänder und Muskeln des Fußes wieder zu aktivieren. Das mach ich immer noch und werde es mein ganzes Leben lang machen müssen. Dann ging alles relativ zügig. Ich war fünf bis sechs Wochen nicht auf dem Wasser und habe dann wieder ganz normal angefangen zu windsurfen. Aber ein bisschen leidet mein Zeh noch immer darunter und ist immer noch etwas steif. Ich muss jeden Tag trainieren, damit der Heilungsprozess vorangeht.

Finger weg von der Harpune!

Ich bin seit dem Unfall nicht mehr beim Harpunieren gewesen. An den paar Tagen, die zum Fischen gut geeignet waren, hab ich meine Thunfische mit einem Angelhaken oder mit dem Trawl rausgeholt.

Angeln – Nahrung selbst aus dem Meer oder einem See holen. Frisches Protein. Und das besser mit der Angel als der Harpune.

Sandboarding (Sandsurfen) ist Fun. Einfach nur Fun. Keine Grenzen, wenn einmal kein Wasser in der Nähe ist. Geschwindigkeit als Adrenalin-Hype.

Snowboarden bedeutet Freunde und Schnee. Beinahe wie Windsurfen. Und das regelmäßig: in Andorra, in Österreich, in der Schweiz. Gut verkleidet im Winter-Outfit erkennt ihn kaum jemand. Echte Freizeit.

JENSEITS DES WINDSURFENS

Bjørn liebt Mountainbiking. Ein Mountainbike hat er fast immer dabei. Wenn er nicht auf dem Wasser ist oder im Gym, findet man ihn am ehesten auf dem Bike. Ein besseres Training gibt es für ihn nicht.

Wellenreiten ist schon immer Bjørns liebster Ausgleich zum Windsurfen. Fast das Gleiche und doch ganz anders. Wellen pur, ganz so wie Bjørn es mag.

Jenseits des Windsurfens | 157

FRAGEN-RAP 3

Lieblingsrezepte? Gutes Fleisch, guter Fisch, gutes Sashimi, gute Paella und guter italienischer Wein. Damit haben wir schon vier bis fünf Rezepte zusammen ☺. Damit kann man prima überleben ☺☺.

Lieblingsgetränk? Red Bull trinke ich sicher am meisten, nach Wasser. Während des Tages trinke ich Red Bull mit Wasser gemixt, und bei Partys mixen wir es mit was anderem. Aber ansonsten trinke ich viel Wasser.

Autos? VW-Bus. Also ich bin jetzt in den letzten paar Jahren immer die ganzen T3, T4, T5 gefahren. Hab zum Glück auch stärkere Motoren gehabt. Dann hab ich halt immer so wahnsinnig viel Spielzeug dabei: Windsurfbretter, Mountainbikes oder Wellenreiter. Die brauchen viel Platz. Und mit dem Auto schnell fahren kann man eh nirgends mehr. Zumindest nicht hier auf der Insel. Und wenn ich mal in Europa bin, gibt es auch nur in Deutschland ein paar Strecken, auf denen man ein bisschen aufs Gas drücken kann; aber früher war ich da extremer. Mittlerweile hab ich mich zurückgelehnt und, na ja, es bringt ja auch nicht so viel, auf der Autobahn für ein paar Kilometer Vollgas zu geben.

Formel 1 ? Ich bin jedes Jahr mit meinem Vater bei einem Rennen. Ich schau mir das an. Immer gemeinsam mit dem Red-Bull-Team, das macht halt doppelt Spaß. Und ich seh es mir auch immer wieder im Fernsehen an, nur da passt es nicht so gut, weil ich um die Zeit meistens auf dem Wasser bin. Aber ich schau mir halt dann die Zusammenfassung am Abend an.

Motorrad? Selbst fahre ich kein Motorrad. Als ich noch jünger war, habe ich mir gesagt, es lohnt sich nicht. Es war für mich nie die Frage, ob es mich irgendwann auf die Nase legt, sondern vielmehr, wann es mich auf die Nase legt. Daher hab ich das Motorrad weggelassen, weil mir das Windsurfen dann doch wichtiger war.

Rallye fahren? Auf jeden Fall. Da sitzt du ja auch im Auto drin. Ich bin schon ein paar zweit- und drittklassige Rennen mitgefahren. Da musst du dich schon festhalten. Ich rate jedem, der mal mitfährt, dass er ein ganz leichtes Frühstück essen soll, ein schön trockenes Frühstück. Damit die Magensäure nicht zu viel hin- und herschwappen kann.

Kapitel 10

SPEEDFAHREN

Bjørn hat das Windsurfen wieder zu dem zurückgebracht, was seinen ursprünglichen Reiz ausgemacht hatte: das Surfen in der Welle und die Geschwindigkeit. In beiden Bereichen hat er Meilensteine gesetzt. Und er hat Trends ausgelöst. Von allen Trends, die Bjørn zugeschrieben werden können, ist Speedfahren der wichtigste. Lange hatten die Windsurffirmen nur den radikalen Manövern der Freestylesurfer nachgejagt und dabei die breite Masse der Surfer vergessen: jene Surfer, die in ihrer Freizeit mit maximaler Geschwindigkeit übers Wasser jagen und dabei ihren Spaß fir den. Bjørn hat durch sein Engagement den Trend der Speedsurfer wieder etabliert und aufgebaut.

Speedfahren | 161

VORREITER UND TRENDSETTER

Übers Wasser heizen – Fun für jedermann

Bis 2001, 2002, 2003 hat die Industrie vergessen, auch die Slalom- und Speedseiten des Sports zu fördern. Die sind zu viel auf Welle und Freestyle abgefahren. Mittlerweile haben sie eingesehen, dass sie beides aufrecht halten müssen. Ich habe genau gewusst, wenn ein paar gute Leute wieder Slalom fahren, ziehen die Amateurwindsurfer nach. Denn was tut der Hobbywindsurfer, der gute? Er rast mit seinen fünf Freunden über das Meer und checkt, wer der Schnellste ist. Der will und kann die komplizierten Freestylemanöver nicht fahren, der hat mit Halsen oft schon Probleme, weil er zu wenig Wasserzeit zusammenbringt. Aber heizen können 90 Prozent aller Windsurfer.

Wenn du das mit dem Fahrrad vergleichst: Klar, die BMX-Fahrer wird es immer geben. Das heißt aber noch lange nicht, dass die Straßenrennen nicht mehr gefahren werden sollen oder dürfen. Beim Windsurfen gibt es Freestyle, Wellenreiten, Slalomfahren, Formula- und Speedwindsurfen. Wenn wir das mit den Bikern vergleichen, dann gibt es BMX-Räder, Mountainbikes, Straßenräder, diese Indoors und noch ein paar andere Geschichten. Wenn die Kids gerne BMX fahren wollen, heißt das nicht, dass alles andere hingeschmissen werden muss. Das haben aber viele Firmen gemacht, weil sie die breite Masse der Sportler vergessen haben. Mittlerweile haben sie viel dafür bezahlt. Die Rückkehr zum Slalom und Speed hat wieder viel mehr Windsurfer aufs Wasser gebracht.

Seit wieder Artikel darüber in den Magazinen erschienen sind, haben die Windsurfer gesehen: Okay, das ist cool! Daraufhin hat die Industrie reagiert und modernere, einfachere Slalombretter gebaut, mit besseren, einfacheren Segeln; und die werden heute wieder viel gefahren und gut verkauft.

Im Wettkampf gegen sich selbst

Im Speedwindsurfen kannst du immer gegen dich selbst fahren. Mit den neuen GPS-Systemen, die du an den Unterarm schnallst, kannst du sehen, dass du mit dem 7,2er schon 30 Knoten gefahren bist und mit dem 6,3er vielleicht 35 Knoten schnell warst. Da hast du den direkten Vergleich mit deinen Freunden und den Jungs vom Strand nebenan.

Es gibt heute sehr gute GPS-Geräte für Windsurfer und Segler. Wir sind direkt auf die Leute zugegangen und haben die Geräte mit ihnen gemeinsam entwickelt. Ich denke, das ist wichtig und gut für den Sport. Das richtig Gute beim GPS ist, dass du immer wieder deinen eigenen Rekord verbessern kannst. Du gehst mit GPS hinaus und weißt, wie lange du gefahren bist, wie weit du gefahren bist, wie hoch deine maximale Geschwindigkeit war. Damit kannst du dich immer wieder aufs Neue motivieren.

GRÜNDLICHE VORBEREITUNGEN

Bjørn und die Philosophie des Speeds

Speed hat mich schon immer interessiert, aber wegen des zeitaufwendigen Weltcups hatte ich nie ein genügend großes Zeitfenster, um den Rekord zu schlagen, oder auch nur, um zu versuchen, ihn zu schlagen. Außerdem brauchst du wesentlich mehr Körpersubstanz als im Weltcup. Da reichen 85 bis 90 Kilo nicht aus. Du brauchst enorm viel Kraft, damit du die Technik besser einsetzen kannst. Ich habe sicher fünf Kilogramm mehr Muskelmasse auftrainiert. Wenn ich nur noch auf Rekord gehe, werde ich noch ein paar Kilo schwerer werden. Für die Slalomrennen muss ich dabei schon aufpassen, um nicht zu schwer zu werden, denn sonst ... Aber du brauchst schon 105 Kilogramm und mehr, damit du überhaupt eine Chance hast. Denn es ist eine Sache, 40 Knoten zu fahren, und eine ganz andere, 50 Knoten zu erreichen. Und das ist eben brutal zeitaufwendig. Erst einmal muss man das Material testen und es immer wieder mehr und mehr perfektionieren. Gute Tage, an denen du das Rekordmaterial testen kannst, gibt's halt nur wenige. Einerseits, weil die Wasserqualität sehr schwer zu finden ist, und andererseits, weil man das Material bei etwas schwächerem Wind testen muss, als man beim Rekord selbst hat. Also musst du dich theoretisch in die Lage hineinversetzen, dass das Material auch dann ideal funktioniert, wenn es 50 Knoten Wind hat. Und das ist nicht ganz so einfach. Es ist zwar relativ leicht, auf einem 500-Meter-Kurs 40 Knoten schnell zu sein, aber jeder Knoten drüber wird immer diffiziler. 41 Knoten sind schon schwieriger, 42, 43, 44 sind

Speedfahren | 163

schon im Grenzbereich, und für 45, 46 Knoten muss wirklich die Wasserqualität und der Windwinkel passen. Man kann nicht mit über 80 Stundenkilometern mit dem Windsurfmaterial in Kabbelwellen hineinfahren.

Dazu kommt noch der Wind als Motor. Das heißt, du kannst da nicht aufs Gas treten, sondern du musst den Wind ausnutzen: Bei der Aerodynamik muss alles passen, vom Segel her, vom Brett her, vor allem die Reibung muss stimmen. Das Brett muss so klein wie möglich sein, die Finne so klein, wie es nur geht. Alle Bereiche sind also sehr kritisch. Das ist die große Schwierigkeit, um die Rekorde schlagen zu können. Vor allem auf der 500-Meter-Strecke, auf der aktuell der Rekord bei 48 Knoten liegt. Das Ziel ist natürlich, diese Barriere zu brechen, und das so schnell wie möglich, bevor ein anderes Segelfahrzeug es schafft, den Rekord von 50 Knoten zu schlagen. Daran arbeite ich seit vier Jahren; es gab aber noch keinen einzigen Tag, an dem absolute Rekordbedingungen geherrscht haben, weder von der Wasserqualität noch vom Windwinkel her.

Bjørns Material-Range

Bei einem Contest brauchst du vier Bretter. Im Normalfall 60 Zentimeter breit, 55, 50, 45. Und vielleicht habe ich noch eines mit 40 Zentimetern dabei, falls der Contest an einem guten Platz stattfindet. Meine Bretter für Speed werden von Peter Thommen und auch von Carlos Sosa gebaut. Nach dem Geheimnis, wie wir das Material schneller machen, werde ich oft gefragt. Das Geheimnis ist, viel zu testen und viel zu verbessern. Wir versuchen, die Bretter so leicht wie möglich zu machen, so viel Kontrolle wie möglich und so wenig Reibung wie möglich zu haben.

Die Formel: Leicht ist schnell.

Die Segelgrößen hängen natürlich ganz vom Spot und vom Tag ab. Normalerweise lege ich drei oder vier Segel auf. Denn du hast eineinhalb Stunden Zeit. Schließlich bin ich nicht da, um nur mitzufahren. Ich bin da, um zu gewinnen. Daher rigge ich immer mehr Segel auf, als ich aufriggen müsste. Es kann immer passieren, dass der Wind runter- oder raufgeht, und dann hast du keine Zeit zum Umriggen. Als Profi hast du eigentlich alles aufgeriggt: Du hast dann fünf Bretter und fünf Segel am Strand. Obwohl du nur eines im Einsatz hast. Falls sich die Bedingungen ändern, kannst du es dir nicht leisten, um den zehnten Platz zu fahren, nur weil dir etwas beim Material fehlt.

Technik und Material für Speed

Ausgehen musst du von den Brettgrößen. Mit einem 50 Zentimeter breiten Brett kannst du 41,5 bis 42 Knoten fahren. Mit einem 45er-Brett geht es einen oder eineinhalb Knoten schneller. Und dann gehst du runter auf 40, und dann fängt es an. Bei 40 Zentimeter Breite kannst du sagen, es wären 47 und 48 Knoten möglich. Und dann gehst du noch weiter runter, auf 38, 37, 36, bis auf 35 Zentimeter. Das Ziel ist es, die PS, die du im Segel hast – einem fünf Quadratmeter großen Segel oder einem 4,7er-Segel –, auf die kleinstmögliche, benetzte Fläche zu bringen. Deshalb ist es so wichtig, dass das Wasser absolut glatt ist. Sonst kannst du mit einem Brett, das weniger als 45 Zentimeter ist, gar nicht fahren, weil die Finne nur 19 oder 20 Zentimeter lang ist. Wenn du so ein schmales Brett fährst, und es kommt dir nur die geringste Welle entgegen, liegst du nach 20 Metern auf der Nase. Noch bevor du überhaupt Vollgas gibst, fliegst du schon. Und deswegen ist es so enorm schwierig, ein ideales Revier und perfektes Wasser zu finden.

Alles unter Kontrolle

The Search für den Rekordspot

Ich war auf der Suche nach einem Platz, an dem der Wind möglichst oft in der Woche 50 Knoten erreicht. Ich habe solche Plätze auch gefunden, es gab jedoch immer das Problem mit der Wasserqualität. Was an diesen Plätzen geschieht, ist, dass bei extremem Starkwind die Wasserkante immer weiter vom Strand weggeschoben wird, da der Winddruck die Wassermassen vom Strand wegdrückt. Das bedeutet, dass du nicht mehr in Strandnähe fahren kannst, sondern fünf Meter vom Strand entfernt fahren musst. Und da ist das Wasser schon wieder zu wellig, zu unruhig, als dass man die kleinen Bretter fahren kann. Da sind so viele Schwierigkeiten, die man nicht bemerkt, bevor der wirklich starke Wind kommt.

SPEEDCONTEST

Der ideale Ablauf

Zuerst einmal fährst du natürlich mit maximaler Segelgröße. Du kreuzt relativ gemütlich auf, wobei das schwierig genug ist, weil du viel Druck im Segel hast. Und wenn der Kurs 500 Meter lang ist, ist die Kreuz eben 1,5 Kilometer lang, bis du wieder oben bist. Wenn du den Kurs dann anfährst, versuchst du einen schönen Winkel zu finden, möglichst nahe am Strand, und du gehst 200 bis 300 Meter vorher fast auf Vollgas. 50 Meter vor dem abgesteckten Kurs musst du maximale Geschwindigkeit erreicht haben. Der Rest ist klar: Du versuchst, mit Vollgas in den Kurs einzufahren und die Geschwindigkeit den ganzen Kurs entlang zu halten. Wenn der Wind runtergeht, wirst du ein bisschen langsamer, wenn der Wind raufgeht, musst du hinhalten und wirst ein bisschen schneller.

Wenn du beim Contest 42, 43 Knoten fährst, dann dauert das Ganze vom Start bis zum Finish 21,5 bis 22 Sekunden. Bei 48 Knoten sind es genau 20 Sekunden. Bei 50 Knoten sind es

18 Sekunden. Das hört sich relativ leicht an, sind ja nur zwei Sekunden, aber dass ist dann doch eine ganze Menge.

Im Contest dauert jeder Heat eineinhalb Stunden. Normalerweise hast du zwei Heats bei einem Contest. Davon werden die zwei besten Zeiten genommen, und dann hast du ein absolutes Ranking.

Bei einem reinen Rekordversuch ist das anders. Da zählt nur die schnellste Zeit.

Rekordversuch – teuer, aber effektiv

Wenn du einen Rekordversuch durchführst, der länger als einen Monat dauert, kostet das 100 000 Euro – wenn du es für dich allein organisierst. Wenn du das zu viert machst, kostet es das Doppelte. Und wenn du zehn Leute einladen willst, dann muss alles perfekt passen, und du zahlst noch ein bisschen mehr dafür. Geld verdient wird dabei keines. Aber es ist eine gute Promotion für den Sport. Dann wird wieder Slalom- und Speedmaterial erzeugt und gefahren. Jede Firma hat heute drei Slalombretter, manche vier, aber die Firmen haben heute auch ein bis zwei Speedbretter im Programm. Es gibt eine Speedtour, es gibt eine Slalomtour. Und es werden wieder Zigtausend Segel und Bretter in diesem Bereich verkauft. So gesehen, lohnen sich die Aufwendungen schon.

Gefühl für Geschwindigkeit

Auf dem Wasser ist alles ein bisschen schneller. Das kannst du nicht vergleichen mit dem Fahren an Land. Weil einfach alles etwas unkontrollierbarer ist. Wasser ist eben Wasser. Wenn man am Boden ist, ist das ein ganz anderes Gefühl. Wenn ich mit dem Auto unterwegs bin, mit 200, 250 Stundenkilometern, fühlt sich das nicht schnell an. Im Vergleich gesehen: 40 Knoten am Wasser fühlen sich wie 250 Stundenkilometer im Auto an. Jeder Knoten drüber ist wie zehn Stundenkilometer über 250. 41 Knoten fühlen sich wie 260 Stundenkilometer an. Und 45 Knoten wie 300 Stundenkilometer. Und bei 50 Knoten hast du das Gefühl, du fährst mit 350 Stundenkilometern in einem offenen Cabrio dahin.

Beim Windsurfen ist alles über 40 Knoten im Grenzbereich, der keinerlei Fehler mehr erlaubt. Bei 45 geht es dann zur Sache. Und da fängt es im Speedfahren eigentlich erst an. Wenn du über 45 Knoten kommst, reicht der kleinste Fehler aus, und du fliegst wie eine Möwe durch die Gegend.

Wie wird man wirklich schnell?

Am allerwichtigsten ist es, dass du die richtige Kombination aus Brett und Segelgröße findest, bestimmt durch deine Körpergröße und dein Gewicht. Ziel ist es, alles unter Kotrolle zu haben, damit du das Segel auf dem Brett ruhig aufrecht stellen kannst. Nur in dieser Position ist es effizient.

Höchstgeschwindigkeit fährst du nur, solange du das Segel dicht halten kannst. Wenn du aufmachst, bist du automatisch wieder langsamer. Das weiß auch jeder Windsurfer, der Slalom fährt. Das heißt, es geht darum, alles möglichst ruhig zu halten. Das Brett möglichst still, das Segel möglichst ruhig. Das ist maximale Effizienz. Und das wiederum ist Übungssache, viele Stunden auf dem Wasser.

Welcher Kurs ist der schnellste?

Der Raumschotkurs ist der schnellste. Halbwind fühlt sich für dich auch schnell an, aber du hast schon viel zu viel Gegenwind. Deswegen ist der Raumschotkurs, bei 120, 130 Grad, der schnellste für den Windsurfer.

Der große Trick: Wasserzeit

Mein Trick, um schnell zu sein, heißt Wasserzeit. Wasserzeit ist unbezahlbar. Du musst so oft wie möglich raus und windsurfen, und nur dabei bekommst du das richtige Gespür dafür. Da kannst du noch so ein gutes Material und noch so einen guten Trimm haben, wenn du nach zwei Runden müde bist, nutzt das auch nichts.

Gewichtsverteilung

Bei Leichtwind hast du mehr Druck auf dem hinteren Fuß, ca. 80 zu 20. Bei mehr Wind ändert sich das auf 70 zu 30, bei viel Wind erreichst du 60 zu 40, sodass du das Brett noch gerade halten kannst. Wenn zu viel Druck hinten drauf ist, fliegt dir alles weg.

Um das Brett ruhig zu halten, musst du die richtige Mastfußpostion finden. Nicht zu weit vorne, nicht zu weit hinten, sondern schön ausgerichtet für deinen Körper. Dann liegt das Material ziemlich ruhig im Wasser. Wenn es unruhig wird, dann stellst du den Mastfuß ein Stück nach vorne. Wenn das Brett zu sehr auf dem Wasser klebt, rückst du den Mastfuß weiter nach hinten.

Bei Kabbelwasser musst du die Druckverteilung etwas ändern. Da kannst du natürlich nicht 80 zu 20 fahren: also 80 am Hinterfuß und 20 am Vorderfuß. Bei schwierigem Wasser hast du immer mehr Druck am Vorderfuß. Es geht in Richtung 70 zu 30 oder eben 60 zu 40. Du stehst ein bisschen aufrechter am Brett und hängst nicht so weit nach hinten.

Wie hoch ist dein Puls?

Bei Speedcontests fahre ich öfter mit Pulsmesser, einfach um zu sehen, wie hoch der Puls eigentlich ist. In Namibia bin ich einen ganzen Contest lang mit Pulsmesser gefahren. Beim Aufkreuzen liege ich zwischen 100 und 105, wenn ich es einfach dahinlaufen lasse. Voll auf Druck gefahren, also wenn es ein bisschen zur Sache geht mit großem Segel und kleinem Brett, geht der Puls auf 110, 120 rauf. Beim Anfahren und Durchfahren des Kurses ist der Puls bei 130, 135; das ist dann Vollgas. Am Ende der Speedstrecke komme ich mit Puls 190 hinaus. Und das ist nur 20 Sekunden später. Und den Wechsel von 110 auf 190 machst du in 1,5 Stunden etwa 15- bis 25-mal.

Stürze

Erinnern kann ich mich an einen Sturz bei einem Contest in Frankreich. Ich war an dem Tag schon 10- bis 15-mal durch den Kurs gefahren. 38 Knoten, 39 Knoten und 39,6 Knoten waren dann die schnellste Zeit. Bei der Runde war ich wieder knapp unter 40 Knoten

Wassertiefe = Finnenlänge

unterwegs und bin 50 Meter vor dem Ziel auf eine Sandbank geknallt. Der Mistralwind hatte das Wasser ein bisschen vom Ufer weggedrückt, weil er das immer macht; der Mistral drückt das Wasser immer weiter hinaus, je länger der Contest dauert. Und dann bin ich zehn Minuten vor Schluss auf diese Sandbank draufgerauscht. Ich hab den Mast in drei Teile gebrochen. Das Karbon war auf beiden Seiten durchgerissen. Und ich hatte drei Wochen Rückenschmerzen. Während des Sturzes habe ich gar nichts gemerkt. Du machst dich irgendwie instinktiv so flach wie nur möglich, sodass du ausrollst. Denn 40 Knoten sind 77,78 Stundenkilometer. Da geht alles sehr schnell. Da hast du eine Zehntelsekunde Zeit, und du fliegst. Vom Vollgas runtergebremst auf Null und das auf einer Wasseroberfläche, die sich beinhart anfühlt. Das erwartest du logischerweise nicht. Ich war schon 15-mal durchgefahren, und auf einmal war zu wenig Wasser da, und ich hatte voll aufgesetzt. Als ich aufgestanden bin, war das Wasser knöcheltief. Ich hab mir zum Glück nichts getan. Mit den Rückenschmerzen bin ich ab zum Chiropraktiker. Die Schmerzen waren dann weg. Und jetzt ist alles wieder gerade.

Es ist natürlich ein bisschen gefährlicher, wenn du einen Meter vom Strand entfernt fährst, da kannst du schon mal aufsetzen, wenn das Wasser nicht tief genug ist. Aber du musst ganz nahe am Strand bleiben, weil du im Rennen eine echte Gerade fahren musst. Es bringt ja nichts, wenn du bei 500 gemessenen Metern 580 Meter gefahren bist, weil du eine Banane in den Kurs gezogen hast. Wenn du 80 Meter länger fährst, kannst du zehn Jahre fahren, du wirst dabei vielleicht immer schneller, aber einen Rekord wirst du nie fahren.

Chiropraktiker Gary bei der Arbeit

SPEEDWETTKAMPFFORMEN

Die Idee der Pro-Am-Serie

Die Pro-Am-Serie gibt jedem guten Windsurfer die Chance, bei den besten Speedwindsurfern mitzufahren. Amateure können sich auf der 500-Meter-Strecke eine Stunde lang qualifizieren, und die besten können im Anschluss gleich bei den Profis mitfahren. 50 oder 100 Amateurwindsurfer hängen sich auf die Weise bei den Profis mit hinein, und das ist gut für den Sport. Dabei gibt es eine Wertung für Serienmaterial, eine Prototypenwertung und eine Open-Wertung, aber die meisten Amateure fahren natürlich auf Serienmaterial.

Die Idee des Crossings

Mich reizt das Crossing. Wenn man etwa die Straße von Gibraltar rüberfährt, gibt's viele, die es versuchen, und das bedeutet: du gegen Wind und Wellen und gegen die Zeit. Ich glaube, den Rekord hab ich noch von Gibraltar. Der liegt bei etwa 19 Minuten. Das ist schon ein paar Jahre her. Aber solche Sachen werde ich auch wieder machen, wenn ich mehr Zeit habe. Denn da heißt's, gegen die Bedingungen zu fahren und gegen andere, die es auch versucht haben.

Mit 500 Teilnehmern an der Startlinie

Eine Long Distance ist wieder eine andere Geschichte, wenn dabei 500 Leute mit dir am Start stehen. Da musst du zusehen, dass du schnell vorne wegfährst. Am besten in Lee raus, weil das Boot in Lee durchfährt. Da ist zwar mehr Kabbelwasser, aber du hast dann den freien Wind. Wenn du irgendwo in der Meute drinnen bist, dann kannst du Weltmeister sein und kommst trotzdem nie mehr raus.

Schnell vorne wegfahren

Speedfahren | 171

Kapitel 11

GEGENWART UND ZUKUNFT DES WINDSURFENS

DER ERSTE WELTMEISTER IM FREESTYLE

Freestyle, eine positive Entwicklung

Freestyle ist Windsurfen in einer Form, die es bisher so nicht gegeben hat. Bei den Manövern, die die Jungs herzaubern, sind auch für mich manchmal welche dabei, da muss ich dreimal hinschauen, um überhaupt zu sehen, was die da gemacht haben. Das fördert den Sport, das ist absolut positiv, und das ist supergut für die junge Generation, speziell auch für die, die keine Wellenbedingungen vor dem eigenen Haus vorfinden, sondern Wind und Flachwasser. Die können es dort mit dem Freestyle sehr weit bringen.

An der Entwicklung heute bin ich natürlich nicht mehr beteiligt. Am Anfang habe ich sicher geholfen, die Disziplin zu fördern. Ich bin auch ein paar King of the Lakes mitgefahren, eine Serie, die als Windsurfperformance geplant war. Ich habe auch den ersten Weltmeistertitel geholt. Nach den ersten beiden Jahren kamen jedoch zu viele Flachwasserwindsurfer mit ihrem Flachwassermanöver von den Karibischen Inseln oder vom Gardasee. Wenn du nicht ausschließlich diese Form des Windsurfens trainiert hast und auch dementsprechend leicht warst, hattest du überhaupt keine Chance mehr. Das ist, als wenn du einen Mountainbiker auf ein BMX-Rad setzt; der hat dann auch nicht mehr viel zu sagen mit seinen starken Oberschenkeln, wenn es eher darum geht, wie ein Gummi-Mensch Teile in die Luft zu schmeißen und wieder aufs Wasser zu bringen und das mindestens 20-mal innerhalb von fünf Minuten.

Mehr Manöver trainiert als entwickelt

Ich habe wenige Manöver selbst erfunden. Es gab die Duck Tack auf die Dunki-Art. Der Backloop mit Clew First war höchstwahrscheinlich von mir zuerst gesprungen. Den Backside-360er habe ich aus dem Wellenreiten übernommen und beim Windsurfen reingebracht. Und vielleicht noch ein paar Kleinigkeiten. Generell war ich zu beschäftigt mit der Materialentwicklung, dem Contestfahren, den Trainingseinheiten. Die Zeit, mich hinzusetzen, etwas Neues auszutüfteln und dann zu üben, bis es irgendwann einmal klappt, das war nicht so meins. Das habe ich dann auf meine Art übernommen und trainiert, damit es zu mir passt. Ich hab einfach über den Bewegungsablauf nachgedacht. Dann bin ich hinausgegangen, hab das probiert und gedacht, aha, so war es eher nicht, vielleicht ein bisschen anders, und dann klappt es irgendwann.

Früher habe ich etwas Neues gesehen, habe es zehnmal versucht, und dann hat es geklappt. Heute, bei den Freestylemoves, die die Jungs machen, kann ich aufgrund meines Körpergewichts oder meiner Gelenkigkeit, wie auch immer man es nennen möchte, die Elemente nicht mehr übersetzen. Das werde ich nie mehr lernen. Da würden eher beide Beine abbrechen, bevor das klappt.

WAS KOMMT ALS NÄCHSTES

Weltrekord

Der Weltrekordversuch ist sicher das Nummer-1-Projekt der Gegenwart, den Rekord für Windsurfer von 50 Knoten zu erreichen. Für das Speedwindsurfen brauchst du erstens sehr viel Gewicht und Power und zweitens sehr viel Erfahrung. Du musst schon mal überall gefahren sein, damit du dein Material einschätzen kannst. Auf Weltklasseniveau bist du dabei Anfang, Mitte 40 gerade richtig. Stell einen 25-Jährigen auf ein Speedboard mit 85 Kilo, das ist, als ob du ein Kind draufstellst. Da gibt es keinen Einzigen, der die Chance hat, unter die ersten fünf zu fahren. Zu wenig Erfahrung. Nicht genügend Körpersubstanz. Und vor allem zu wenig Technik und keine Erfahrung in der Materialentwicklung. Du musst schon 1 000 Stunden auf dem Brett hinter dich gebracht haben, um mitmischen zu können.

Slalom und mehr

Slalom kannst du sehr lange fahren, du brauchst einfach viel Regattaerfahrung. In allen geschwindigkeitsorientierten Disziplinen kann man noch bis ins hohe Alter an die Weltspitze fahren. Wenn du da einen 20- bis 25-Jährigen zwischen uns stellst, dann kommt der nicht einmal über die erste Runde hinaus. Erstens einmal, weil er keine Erfahrung hat, und zweitens, weil er nicht die Körper- und Mentalpower mitbringt. Im Racing sind die Leute, die vor zehn Jahren vorne waren, immer noch vorne. Das kommt daher, weil die schon 100 Rennen gefahren sind. Aber du musst auch als 15-Jähriger schon viele Rennen fahren, sonst hast du Ende 20 überhaupt keine Chance. Denn die anderen sind dir aufgrund ihrer Kraft und ihrer Kenntnisse über die unterschiedlichen Bedingungen einfach überlegen. Das ist vergleichbar mit einem Spitzenläufer, der zu den Top 20 gehört in Bezug auf seine Laufgeschwindigkeit, aber wen interessiert das schon, wenn er in die falsche Richtung läuft.

Und was sonst noch ansteht? Natürlich Long Distance und freies Wellensurfen.

MOTIVATION UND FASZINATION WINDSURFEN

175

BJØRN ÜBER SEINE LIEBE ZUM WINDSURFEN

Was ist am Windsurfen so faszinierend?

Mich fasziniert am Windsurfen am meisten die Abwechslung. Es ist immer anders. Die Bedingungen variieren immer, es ist nie gleich. Du musst nur ein paar Kilometer die Küste hochfahren, und es ist schon wieder anders. Jedes Meer ist anders, jede Wellenhöhe ist anders, jede Windrichtung, ob du Flachwasser hast, kleine Wellen, große Wellen, auflandigen Wind, ablandigen Wind. Du musst dich immer wieder neu darauf einstellen.

Schneller, höher, radikaler

Ich suche immer das Limit, versuche, immer noch schneller zu fahren, noch höher zu springen oder noch radikaler abzureiten. Auf dem Windsurfbrett kann ich mich so richtig austoben. Du kannst beim Speed- und beim Slalomfahren so lange dicht halten, bis du am Limit bist, dann produzierst du Adrenalin. Denn wenn du nicht mehr dicht halten kannst, dann kracht es irgendwann. Du kannst diese Spannung so lange halten, wie du auch das Segel dicht hältst. Du wirst immer müder, fährst aber trotzdem genauso schnell, und du weißt, dass es nun kritisch wird. Trotzdem musst du immer noch dicht halten. So lange du diesen Moment anhalten kannst, bist du auch gefordert. Und ich denke, ich mache den Wettkampfsport deswegen noch, weil ich immer wieder gefordert werde.

Windsurfen – der erste Trendsport

Windsurfen war die erste Trendsportart, die es in Europa überhaupt gab; das heißt, wenn man irgendetwas anderes machen wollte als Tennis, Fußball, Wandern oder Skifahren, dann war das ganz eindeutig Windsurfen. In den ersten zehn Jahren war Windsurfen die Trendsportart, bei der man sich ein bisschen von den anderen differenzieren konnte. Mittlerweile gibt es sicher 20 Trends: Manche sind billiger als Windsurfen, manche sind besser geeignet für die Älteren, manche idealer für die Städte, manche für die Berge.

Kitesurfen

War für mich nie ein Thema. Auf den Trend sind alle aufgesprungen, die in Ho'okipa nicht die besten waren. Damit war Ho'okipa für zwei bis drei Jahre schön leer. Das war ein Riesenplus. Ich hab den Kite zwar ein paar Mal in der Hand gehabt, aber mir war nie langweilig genug, dass ich das unbedingt hätte machen müssen. Außerdem ist Kiten schon wieder am Abfallen. Die meisten haben mitgekriegt, dass es nicht billiger ist als Windsurfen, und ab vier Windstärken ist es totgefährlich. Wenn du zweimal auf die Nase geknallt bist, beim dritten Mal ein Sprunggelenk gebrochen, ein Knie ausgerenkt oder Bänder gerissen hast, dann überlegst du dir einfach, vielleicht doch wieder mal windsurfen zu gehen, bevor du gar keinen Sport mehr machen kannst.

Windsurfen als Lebensinhalt

Ich unterhalte mich auch mit den Leuten auf den Festivals. Und dann frag ich sie: Was machst du eigentlich am liebsten in deinem Leben? Neun von zehn sagen: Am allerliebsten gehe ich windsurfen. In jedem Urlaub, in jedem freien Moment, an jedem Wochenende gehe ich windsurfen. Und einige sagen: Im Winter geh ich skifahren oder snowboarden. Aber am liebsten geh ich windsurfen. Und wenn du sie nach der Arbeit fragst, hey, da kommt nicht viel Gutes rüber. Und wenn du sie nach der Familie fragst, heißt es, dass sie gerne bei ihrer Familie sind, aber die nimmt man am besten mit zum Windsurfen. Die sind so begeistert, dass sie jede freie Minute auf dem Brett stehen. Und der Urlaub wird dann nach dem Windsurfen ausgerichtet: einmal Ägypter, dann Fuerteventura, dann irgendwo in der Karibik und dann irgendwo anders, und am Ende wieder zurück zu dem Platz, der ihnen am besten gefallen hat. Wenn die Jungs hier bei mir auf Gran Canaria ankommen, dann ist das alles andere als ein Badeurlaub. Manche machen es sogar ganz anders! Die machen erst eine Woche mit fünf Kumpels auf Highlife, windsurfen sich halbtot hier unten, und in der zweiten Woche kommt dann die Frau mit den Kindern nach. Da haben sie erst mal alle Hände blutig und offen, und dann halten sie es aus, mal nur zwei Stunden täglich auf dem Wasser zu sein. Das ist schon der Wahnsinn!

Windsurfen: ein genialer Sport, vor allem für Kinder

Ich kann jedem nur empfehlen, das Windsurfen zu probieren. Es ist ein Sport, der dich sowohl körperlich trainiert als auch geistig. Nach einer Stunde windsurfen ist der Kopf wieder frei. Klar, dass das vor allem für die Älteren wichtig ist. Aber auch für die Kids, die in die Schule gehen und einfach mal ganz abschalten sollten. Die meisten Kids kommen leider nicht genug ans Wasser. Und leider gibt es nicht genug Windsurfcenter und -clubs, die gut organisiert sind; denn dort, wo der Sport gut organisiert ist, gibt es massenhaft Kids. Und wenn nur drei Kids anfangen, bringen die sechs weitere mit, und diese 6 bringen dann 18 mit, und 18 bringen 135 mit. Genau das Phänomen kannst du hier auf der Insel sehen. Es sind wahnsinnig viel junge Leute da. Und wenn sie Windsurfen einmal probiert haben, wollen sie nicht mehr aufhören. Nie wieder!

Surfplätze und -schulen für Kids

Ich habe festgestellt, dass es gerade in Norddeutschland wahnsinnig viele Kinder gibt, die eine Surfschule besuchen. Die Schule auf Fehmarn hat im Jahr die meisten Anfänger. Im Durchschnitt sind im Sommer in jedem Kurs gleichzeitig zwischen 50 und 100 Anfänger auf dem Wasser. Und so ein Kurs dauert gerade mal fünf Tage, und die Kids sind anschließend fit.

Am Gardasee, in Torbole, gibt's eine Windsurfschule nur für Kinder. Das ist die Schule oben am Campingplatz, zwischen Torbole und Riva. Da sind 100 Kinder, die lernen das alle zur selben Zeit. Als Erwachsener kriegst du gar kein Brett.

Aber gute Plätze und gute Schulen gibt es überall. Am besten ist es, einfach in einem Surfgeschäft vor Ort zu fragen, wo der beste Club, die beste Surfschule ist, wo es die beste Betreuung gibt, und dort lernt man das Windsurfen dann innerhalb von zwei, drei Tagen.

Marketingstrategien

Marketingstrategien verführen die Kids zu Dingen, die sauschwer zu realisieren sind. Zum Beispiel zum Wellenreiten in Europa. Da gibt es zehn Stellen, an denen es gut ist, und dann gibt es aber 10 000 Plätze, an denen die Bedingungen absoluter Mist sind. Und trotzdem zieht eine ganze Industrie ihre Power drüber und zeigt die coolsten Stellen der Welt, sodass jeder denkt, er muss jetzt Wellenreiten lernen. Was aber niemand sagt, ist, dass es durchschnittlich zehn

Jahre dauert, bis man beim Wellenreiten ein echtes Erfolgserlebnis einfährt. Beim Windsurfen hast du das schon nach der dritten Stunde. Für 90 Prozent der Europäer ist das Windsurfen daher sehr viel besser geeignet als das Wellenreiten und macht auch viel mehr Spaß. Aber die Windsurfer haben nicht die Power einer Weltindustrie hinter sich.

Vorreiter und Vorbild für den gesamten Sport

Rasches Lernen

Vom Segelaufziehen bis zum ersten Ausritt mit vollem Surfgefühl, bei dem man in den Fußschlaufen steht, dauert es gerade mal eine Woche. Was vor zehn Jahren noch drei Monate gedauert hat, lernst du jetzt mit dem viel besseren und viel einfacheren Material innerhalb von nur einer Woche.

Dort, wo man früher drei Segel gebraucht hat, braucht man jetzt nur noch eines. Eine Segelgröße deckt einen viel größeren Windbereich ab, und man kann dasselbe Material viel länger fahren. Die Bretter sind von der Gleitfläche her wesentlich größer geworden. Ein solches Brett kannst du heute ohne Weiteres von drei bis fünf Windstärken fahren, und selbst bei sechs Windstärken kannst du es noch gut kontrollieren. Früher hat man da dreimal so lang gebraucht, um einigermaßen gut wegzukommen. Alles insgesamt ist sehr viel einfacher geworden. Und vor allem: Man kommt viel früher ins Gleiten. Windsurfen ohne zu gleiten, also Stehsegeln, das war am Baggersee für eine Weile ganz lustig, aber das richtige Windsurfen ist ein Gleitsport. Auch das Wenden ist beachtlich leichter geworden, und man braucht nicht mehr so viel Material rumschleppen.

Meine Empfehlung ist: Wenn man nicht in der Nase rumbohren will und nicht nur Winterspiele spielen möchte, dann ist Windsurfen genau das richtige.

Motivation und Faszination Windsurfen | 179

BJØRNS FREUNDE ÜBER DEN SPORT
UND ÜBER BJØRN

Scott Carvill,
US-Spitzenwindsurfer

Welche besondere Geschichte, welches Ereignis oder welche Beziehung verbindet dich und Bjørn?

Ich erinnere mich daran, dass ich Bjørn Ende der Achtziger, Anfang der Neunziger bei einem Windsurfwettbewerb in Diamond Head auf Oahu getroffen habe. Wir waren damals beide noch recht jung. Wenn ich an Bjørn denke, denke ich an einen Typen, der auftaucht, windsurft und abhängt, ohne dabei viel zu reden oder zu versuchen, die Aufmerksamkeit auf sich zu ziehen. Es hat mich auch immer beeindruckt, wie er es geschafft hat, zwei komplette Takelagen, also Bretter und Segel, auf einmal zu tragen. Ich selbst ging damals erst mal weiter aufs College und nahm erst Mitte der Neunziger wieder an Wettbewerben teil. Ich erinnere mich an einen Wettbewerb auf Fidschi: Einige Teilnehmer liefen am Strand auf und ab, um irgendwie vor die Kamera zu kommen; sie versuchten, sich als die Stars darzustellen, die sie glaubten zu sein. Diese Seite des Sports zog mich nie an. Ich bemerkte, dass Bjørn mit den Jungs aus Norwegen unten am Strand abhing, weit weg von dem ganzen Zirkus. Während des Wettbewerbs hing dann auch ich mit ihnen ab, und seitdem sind Bjørn und ich gute Freunde.

Woran liegt es deiner Meinung nach, dass Bjørn so erfolgreich ist?

Am liebsten würde ich sagen: Bjørn wiegt 100 Kilo, ist deswegen einfach höllenschnell und dadurch beim Wellenreiten bei 50 Knoten auf den Kanaren wirklich gut. Aber eigentlich ist das nicht der Grund. Bjørn ist ein erstaunlicher Athlet, der es im Verlauf seiner langen und erfolgreichen Karriere immer geschafft hat, sich den Bedingungen anzupassen und sich zu verbessern. Einer der frustrierendsten Momente in meiner Karriere war der, als Bjørn mich backbords mit einem Down-the-line-Wave um drei bis fünf Fuß Länge geschlagen hat. Die Bedingungen dort waren eigentlich mein Spezialgebiet, und jetzt überholte mich Bjørn. Spät in der Nacht, nachdem Bjørn und ich schon ein paar Guinness intus hatten, ließ ich ihn auch wissen, wie sehr mich das angepisst hat.

Ich denke, es gibt zwei Gruppen von Athleten: die Athleten, die den Sport um des Sports willen betreiben, und diejenigen, die ihn aufgrund seiner Außenwirkung ausüben. Bjørn gehört zur ersten Gruppe. Er liebt es, nur für sich selbst zu windsurfen. Ich habe seinen Antrieb und seine Entschlossenheit gesehen, das kommt von innen heraus und nicht daher, was andere Leute von ihm erwarten. Viele Profiwindsurfer sind festgefahren im Wettbewerbsbetrieb. Du würdest von denen nichts hören, wenn du nicht die Wettbewerbe verfolgen würdest. Bjørn nahm sich die Zeit, um zu reisen und um den Sport zu genießen, aus den Gründen, aus denen ihn auch Freizeitwindsurfer genießen. Wir unternahmen großartige Trips fernab der Wettkampfszene. Auf diesen Trips erlebt man den echten Bjørn, sieht, wie er den Sport, das Reisen und die Freundschaft genießt – völlig sorglos.

Was verbindet dich persönlich heute mit dem Windsurfsport?

Ich liebe es, bei guten Bedingungen zu surfen. Ich bin glücklich darüber, in Oahu zu leben, wo ich die besten Bedingungen zum Windsurfen direkt vor der Haustür habe. Ich mach das nicht regelmäßig, aber wenn die Bedingungen gut sind, lass ich einfach alles fallen und gehe windsurfen. Jede Möglichkeit, mit meinen Freunden auf dem Wasser zu sein, ist ein Geschenk. Ich mag den Gedanken, noch windsurfen gehen zu können; das treibt mich tagtäglich an, wenn ich außer Haus bin. Robby vergewissert sich nach wie vor, dass ich immer das neue Equipment bekomme, und die Entwicklung neuer Boards und Segel begeistert mich wirklich.

Patrice Belbéoch, französischer Worldcupracer

Welche besondere Geschichte, welches Ereignis oder welche Beziehung verbindet dich und Bjørn?

Bjørn ist eine Person, die du nie mehr vergisst. Du respektierst ihn. Ich denke, es braucht schon seine Zeit, bis er dich respektiert, aber er ist sehr ehrlich und wirklich nett. Ich glaube, ich habe so gut wie nie erlebt, dass er Protest bei den Schiedsrichtern eingelegt hat, denn er hasste es, zu erklären, warum irgendetwas für ihn falsch

Motivation und Faszination Windsurfen

gelaufen ist, obwohl er da oft hätte gewinnen können. Ich erinnere mich daran, dass wir anfangs nicht sehr viel miteinander gesprochen haben, unser Verhältnis war ganz schön angespannt, denn er war der Champ und ich war der, der alles daran setzte, ihn einzuholen. Aber nach und nach wurde unsere Beziehung immer besser. Klar, bei manchen Partien gab es dann schon noch Spannungen, aber das war Kinderkram. Jetzt kann ich sagen, dass es wirklich eine gute Zeit war, und ich vermisse das ganz schön. Aber hey, das Leben geht weiter. Wenn wir uns ab und zu treffen, genieße ich es, mit ihm zu reden. Der einzige kleine Zwischenfall war die Begegnung mit meiner zukünftigen Frau. Während des Weltcups auf Sylt war ich mit ihr ein paar Tage dort. Bei der Abschlussparty zeigte Bjørn ein wenig Interesse an ihr … Hm, ich war darüber nicht gerade glücklich und ging geradewegs auf ihn zu, um ihm meine Meinung zu sagen … glücklicherweise kam es zu keiner Schlägerei. Heute lach ich drüber.

Woran liegt es deiner Meinung nach, dass Bjørn so erfolgreich ist?

Ich würde sagen, er hat einen starken Willen. In jedem Sport gibt es Champions und Super-Champions. Bjørn gehört meiner Meinung nach zu den Super-Champions. Er ist in der Lage, in kritischen Situationen in den sechsten Gang hochzuschalten. Er hat ein Gespür für Rennen, das kannst du vor allem bei Wavecontests beobachten. Es ist dabei schwer, seinen Gegner zu bewerten, denn man sieht ihn kaum. Bjørn aber spürt die Gefahr, und plötzlich setzt er zu noch radikaleren Manövern an … Ich kann da zwar mithalten, bin aber nicht so ausdauernd wie er. Er konzentriert sich auf das, was er tut, und nichts kann ihn stoppen, das zu erreichen, was er erreichen will. Mit Robby, mir, Anders, Thorkill, Jason und Jimmy hat er sich wirklich gute Wettkämpfe geliefert. In ihm steckt aber einfach alles, was man dazu braucht: Talent, Entschlossenheit und ein fleißiger Arbeiter.

Was verbindet dich persönlich heute mit dem Windsurfsport?

Heute arbeite ich für Exocet und Kona, beides Windsurfmarken. Wir versuchen ständig, den Windsurfsport zu fördern und voranzubringen. Ein bisschen so, wie Bjørn versucht, mit Hilfe von Speed Funboards für jedermann zu promoten. Wir hingegen versuchen, das Windsurfen mit unserer neuen Longboard-Marke Kona wieder voranzubringen. Ich halte mich dabei immer ein bisschen im Hintergrund der PWA-Windsurfszene oder der Hersteller auf, bin aber nie zu weit weg.

**Robby Naish,
Windsurf-Superstar**

Welche besondere Geschichte, welches Ereignis oder welche Beziehung verbindet dich und Bjørn?

Bjørn und ich – unser erstes Treffen liegt weit zurück … Ich traf ihn 1982 zum ersten Mal auf Gran Canaria. Er war bereits ein wirklich talentierter Windsurfer, und ich war schwer beeindruckt von seiner Art zu windsurfen. Ich habe ihm tatsächlich ein Naish-Board gebaut und es 1983 selbst nach Gran Canaria zum allerersten professionellen Worldcup transportiert. Als ich ankam, hatte er leider schon einen Sponsorenvertrag mit F2, daher konnte ich ihm das Board nicht geben. Von da an sah ich ihn viele Jahre lang nicht mehr, bis er am Worldcup 1986 teilnahm. Von dem Moment an trugen wir jahrelang einen Wettkampf nach dem anderen auf dem Wasser aus.

Woran liegt es deiner Meinung nach, dass Bjørn so erfolgreich ist?

Ich denke, Bjørn ist ein Naturtalent, sein Geschick beim Windsurfen zeigte sich schon in ganz jungen Jahren. Und er lebte an einem Ort, an dem er sein Können das ganze Jahr hindurch verbessern konnte, und zwar unter anspruchsvollen Bedingungen. Er ist auch mental angetrieben … er will nichts mehr als gewinnen.

Was verbindet dich persönlich heute mit dem Windsurfsport?

Ich bin heute sehr in den Sport in meiner Klasse involviert … fast genauso intensiv wie früher, aber auf eine andere Art. Ich war es gewohnt, für bestimmte Termine zu leben: Wettbewerb war alles. Hier auf Maui windsurfe ich heute immer noch fast jeden Tag, an dem ich hier bin. Aber ich bin auch stark durch Naish International in die Branche eingebunden: um zu designen, zu testen und um unsere Windsurfboards, Segel und Takelagen in der ganzen Welt zu promoten. Ich konzentriere mich sehr auf mein Windsurfen und darauf, einen Toplevel auf dem Wasser aufrechtzuerhalten. Ich fahre immer noch für Red Bull, Quiksilver und Robinson und bin auch an der Vermarktung dieser Marken beteiligt. Dadurch nehme ich zwar nicht an Wettbewerben teil, aber ich versuche nach wie vor, mich selbst so stark zu pushen, um dadurch so lange wie möglich einer der besten Windsurfer zu bleiben … und ich liebe dabei jede Minute auf dem Wasser.

Alois Mühlegger,
Chef vom Dienst, »surf Magazin«

Welche besondere Geschichte, welches Ereignis oder welche Beziehung verbindet dich und Bjørn?

Juli 1984 am Gardasee: Der F2-Teammanager stellte mir beim Euro Funboard Cup einen kleinen strohblonden Jüngling vor: »Pass auf, der wird mal ein zweiter Robby Naish.« Auf dem Wasser bei den Kursrennen haben wir uns dann ein paar Mal gematcht, ich lag auch zweimal im Ziel vor ihm. Abends zeigte mir der Teammanager ein Video, auf dem Bjørn in den Wellen vor Gran Canaria rumtobte. Mir war sofort klar, das wird ein Robby der Zweite oder noch besser. Seit dieser Regatta begleite ich Bjørn journalistisch als Redakteur beim »surf Magazin« – bei sehr vielen Höhepunkten und nur wenigen Tiefschlägen.

Woran liegt es deiner Meinung nach, dass Bjørn so erfolgreich ist?

Sein Wille macht ihn sehr stark, er glaubt an seinen Erfolg. Und natürlich hat er auch (meistens) das beste Material am Strand liegen. Jüngstes Beispiel im Mai 2007: Beim Langstreckenrennen »Round Fehmarn« unterbot er bei bis zu sieben Windstärken den alten Rekord um acht Minuten. Neue Bestzeit: 2 Stunden und 54 Minuten. That's Bjørn!

Was verbindet dich persönlich heute mit dem Windsurfsport?

1975 stieg ich zum ersten Mal auf den Original-Windsurfer, nach sechs Wochen trat ich zur ersten Regatta an. Und seit dieser Zeit fasziniert mich dieser Sport: Wind, Wasser und ganz einfaches Material. Beim Wettkampf und beim Just-for-fun-Surfen. Außerdem arbeite ich jetzt seit 30 Jahren fürs Windsurfen. Für mich persönlich ist es die perfekte Kombination aus Hobby, Sport und Job.

Nik Baker,
britischer Windsurfer

Welche besondere Geschichte, welches Ereignis oder welche Beziehung verbindet dich und Bjørn?

Schon in den ersten paar Jahren, als ich auf Tour war, hing ich mit Bjørn und seiner Schwester Britt ab. Und auch mit Vidar Jensen und Kristoff Jacobsen, die zur selben Zeit wie ich begannen, an Wettbewerben teilzunehmen. Sowohl Bjørn als auch Britt waren sehr nett zu mir. Für die beiden war es völlig okay, dass wir unsere Zeit gemeinsam verbrachten, dass wir gemeinsam reisten. Sie erlaubten mir auch, für längere Zeit in ihrem Haus auf Maui zu bleiben – ohne jegliche Gegenleistung. Das war großartig für mich, für einen, der gerade am Beginn seiner Karriere stand. Das Ganze gab mir einen unglaublichen Einblick in das Leben einer verblüffenden Person, einer Person, die sich dem Ziel, das sie erreichen wollte, mit aller Kraft widmete. Bjørn hatte Spaß am Windsurfen, verlor aber nie sein Ziel aus den Augen. Ich erinnere mich daran, dass wir an vielen Abenden riesige Pasta-Essen veranstalteten und Hunderte von Filmen anschauten. Und ich erinnere mich an den Tag, an dem Bjørn den Maui-Event gewonnen hatte. Wir feierten die ganze Nacht durch und gingen alle erst so gegen fünf Uhr morgens zu Bett. Ich stand gegen neun Uhr wieder auf. Und da erfuhr ich, dass Bjørn bereits um acht aufgestanden war, denn der Wind war gut. So windsurfte er vom nahe gelegenen Ho'okipa Beach, wo wir wohnten, nach Kanaha und wieder zurück, das sind rund sechs Meilen. Ich bin mir sicher, dass um diese Zeit keiner außer ihm auf dem Wasser war.

Woran liegt es deiner Meinung nach, dass Bjørn so erfolgreich ist?

An seiner Hingabe und seinem Siegeswillen. Er schaffte es sogar, zahlreiche Wave-Titel zu gewinnen, obwohl er aufgrund seiner Größe und seines Gewichts den anderen gegenüber benachteiligt war. Es scheint, als ob er eine Situation immer erst mal von außen betrachtet, um sie dann zu seinen Gunsten zu nutzen. Viele andere folgen den Trends, ungeachtet dessen, ob sie Erfolg versprechend sind. Es fasziniert mich heute noch, jemanden, der so lange so erfolgreich in seinem Sport war und nach wie vor ist, beim Windsurfen zu beobachten. Ich meine, Bjørn geht nicht nur aufs Wasser, wenn die Wellen gut sind, oder zum Speed- oder Slalomfahren. Er geht raus und surft: bei jeder Gelegenheit, zu jeder Zeit, einfach, weil er es liebt. Das verblüfft mich nach wie vor und gibt mir Hoffnung!

Was verbindet dich persönlich heute mit dem Windsurfsport?
Ich habe 18 Jahre lang an PWA-Wettbewerben teilgenommen und fahre heute noch den Wavecontest. Aktuell bin ich Sechster in der Rangliste; im vergangenen Jahr war ich Vierter im Wave-Ranking. Außerdem bin ich Produktmanager der Mistral-Boards.

AMATEURWINDSURFER ÜBER DEN SPORT UND ÜBER BJØRN

Christian Schüller, Inhaber einer Werbeagentur

Was bedeutet Windsurfen für dich? Windsurfen ist für mich wie eine regelmäßige Erdung. Als Sport und Spiel inmitten der Naturelemente verdeutlicht es mir jedes Mal, wie klein wir Menschen in Relation zur Natur sind. Das Verhalten der Menschheit wirkt jedoch, als wären wir die Großen.

Wie wichtig ist Windsurfen in deinem Leben? Jeder von uns kennt das Gefühl. Draußen geht Wind, aber man ist durch Arbeit oder Termine verplant. Genau das Gefühl, das dann in einem hochkommt, tragen wir immer in uns herum. Der Wunsch, aufs Wasser zu kommen, fesselt uns das ganze Leben.

Bjørn Dunkerbeck? Ein riesiger Dank an Bjørn für seine Hilfe bei der Verbreitung des Windsurfsports. Er schafft es wie kaum ein anderer, den Sport in alle Medien zu transportieren und somit auch neue Surfer zu gewinnen. Weiter so: Nachwuchs braucht Vorbilder.

Peter Kovalenko, Abteilungsleiter in der Finanz-IT

Wie wichtig ist Windsurfen in deinem Leben? Wenn ich am Wasser bin oder auf dem Surfbrett stehe, weiß ich, dass sich die Welt noch um andere Dinge dreht, als nur um Marktwirtschaft und Funktionalismus. Ich spüre, wie klein ich gegenüber der Natur bin, dass ich ein Teil von ihr bin, und ich habe Respekt vor ihr.

Bjørn Dunkerbeck? Er hat alles gewonnen, weil er viel Nutella isst. Spaß beiseite. Er ist trotz der vielen Titel normal geblieben, nicht abgehoben. Ich liebe solche Stars. Das spricht für ihren Charakter.

Wenn ich draußen in der Dünung raumschot unterwegs bin, mit Vollspeed von Welle zu Welle springe, komme ich mir vor, als wäre ich Dunki. Kontrolle auf den hinteren Fuß, das Brett leben lassen – das habe ich bei Dunki gesehen, und so möchte ich surfen. Auch seine kraftvolle Art zu surfen, hat mich beeinflusst.

Thorsten Kegler, Inhaber einer Event- und Medienagentur

Was bedeutet Windsurfen für dich? Ich bin zwar kein Windsurfer, sondern ein Wellenreiter, doch das nun schon seit acht Jahren. Ich lebe dieses Leben in meinem Bus und bereise die ganze Welt.

Bjørn Dunkerbeck? War nett, ihn bei der Wok-WM in Innsbruck zu treffen und mit ihm auf der Afterparty abzustürzen. Leider habe ich es verpasst, ihm ein Strandgut-Shirt in die Hand zu drücken, da er am nächsten Morgen schon früh auf die Kanaren musste. Nächstes Mal heizen wir zusammen im Vierer-Wok.

Jens Eilers, Diplom-Wirtschaftsingenieur (FH)

Was bedeutet Windsurfen für dich? Es war viele Jahre lang mein Lebensinhalt. Nun ist es die schönste Nebenbeschäftigung, wenn die Umstände es erlauben.

Wie wichtig ist Windsurfen in deinem Leben? Mittlerweile ist es nur noch eine Leidenschaft, da Freizeit und Wind meistens voneinander abweichen. Im Urlaub ist es mein Wassersport Nummer eins. Während des Studiums und der ersten Arbeitsjahre war ich mehr auf dem Wasser als an Land ... das sagt wohl alles.

Bjørn Dunkerbeck? Ich habe Bjørn auf einigen Events auch »flüchtig« persönlich kennengelernt, zum Beispiel bei einem Händlermeeting auf Maui. Am Anfang war es »nur« seine Dominanz im Wettkampf, die mich beeindruckt hat. Danach war es auch seine Persönlichkeit, die ihn deutlich von den meisten Profisurfern unterscheidet. Ich war und bin nach wie vor schwer davon beeindruckt: Versuche nicht, dein Bestes zu geben, gib es! Und am besten 200 Prozent! Wenn Bjørn nicht ständig hätte über sich selbst hinauswachsen wollen, dann wäre er nach kurzer Zeit einer von vielen gewesen. Er strebte immer nach mehr Leistung und Perfektion. Diese Einstellung hat auch mir geholfen, meine eigenen Ziele effizienter zu verfolgen.

Bernhard Wagner, Director Professional Services (Consulting)

Was bedeutet Windsurfen für dich? Trotz zentimetergroßer Blasen an allen zehn Fingern eine Leidenschaft, die durch den leisesten Windhauch entfacht wird. Ein extrem intimes Naturerlebnis. Die Möglichkeit, meine Jugendträume, zumindest teilweise, auszuleben.

Wie wichtig ist Windsurfen in deinem Leben? Es ist die einzige Freizeitbeschäftigung, die mir neben meinem Beruf noch möglich ist, und es ist ein exzellenter Ausgleich zu meinem Beruf als Manager. Darüber hinaus profitiert auch die Familie von den gemeinsamen Strandurlauben.

Bjørn Dunkerbeck? Immer ein Vorbild.

Werner Dähn, Angestellter in der Software-Branche

Was bedeutet Windsurfen für dich? Entspannung. Entspannung von den Fährnissen des Lebens zu finden, dabei gleichzeitig die Geschwindigkeit zu spüren, die Eleganz der Bewegungen aufzunehmen und sich mit den Elementen zu messen.

Wie wichtig ist Windsurfen in deinem Leben? So wichtig, dass ich ein halbes Jahr vor dem Sommerurlaub bereits jedem damit auf den Geist gehe. Einen Dank an meine Frau und ihr Verständnis dafür.

Bjørn Dunkerbeck? Respekt vor seinem Können, seinen Leistungen und seinem Engagement.

Christian Buchholz, selbstständiger Unternehmensberater

Was bedeutet Windsurfen für dich? Windsurfen ist für mich der Weg, der mich durch mein Leben führt. Eine nicht endende Suche nach dem noch unerschlossenen Spot, dem besten Wind, den optimalen Wellen.

Wie wichtig ist Windsurfen in deinem Leben? Windsurfen bedeutet für mich Inspiration, Entspannung und Ausgleich. Eine wichtige Quelle für mein Lebensglück.

Bjørn Dunkerbeck? Bjørn Dunkerbeck ist ein großartiger Sportler und hat viel für die Bekanntheit des Sports getan. Er hat mein Leben als Windsurfer begleitet und geprägt. Er ist Vorbild, nicht nur als Sportler, sondern vor allem in der Art und Weise, wie er das Windsurfen lebt.

Petra Yasmeen Baroness von Schleinitz, Inside Sales Manager

Was bedeutet Windsurfen für dich? Windsurfen ist eine Lebenseinstellung und bedeutet für mich positives Lebensgefühl und Freiheit.

Wie wichtig ist Windsurfen in deinem Leben? Es wäre aus meinem Leben nicht wegzudenken und hat mir schon viele relaxte Stunden gegeben.

Bjørn Dunkerbeck? Bjørn ist für mich der Inbegriff einer Kämpfernatur, der ganz klar auf seine Ziele fixiert war. Er hat seinen Traum gelebt – und durchgezogen! Das verlangt größten Respekt. Seine Art zu surfen hat sehr elegant ausgesehen. Ich habe immer gerne zugeschaut, wenn ich bei einem Event dabei sein konnte.

Kapitel 12

JAWS

DIE MÄCHTIGSTE WELLE DER WELT

Gewaltige Wasserberge

Es gibt keine Welle, die so viel Schub hat wie Jaws. Es gibt zwar Wellen, die schöner und länger sind, vom Abreiten her, aber die größten und mächtigsten laufen in Jaws auf die Küste zu. Die größte Welle, die ich jemals windgesurft bin, war sicher so 12, 13 Meter hoch. Wenn ich das mit Dingen vergleiche, die man so kennt, ist das um vieles höher als etwa eine durchschnittlich große Palme – das ist vielmehr so hoch wie eineinhalb bis zwei Palmen, wie sie bei meinem Vater in der Apartmentanlage stehen.

Jaws bricht bei Ebbe ab etwa fünf, sechs Meter Wellenhöhe. Ab acht Metern beginnt das eigentliche Jaws-Erlebnis. Das ist der richtige Anfang von Jaws. Und die besten Bedingungen sind, wenn die Welle acht bis zwölf Meter hoch ist und mehr. Das ist aber selten und dann meist nur mit Tow-in möglich, denn an diesen großen Tagen ist sehr oft auch kein Wind. Klar gibt's dann dazwischen mal ein Set, das in dieser Höhe hereinkommt. Mein größtes Set war 3,5-mal Masthöhe, das haben wir damals ausgerechnet. Das sind dann 3,5 mal vier Meter, also so 14 Meter. Jaws hat den größten Druck; alle anderen Wellen kommen dahinter. Und: Jaws hat den größten Saugeffekt. Sie lässt den Boden der Welle am stärksten unter den Meeresspiegel abfallen und saugt die größte Wassermenge nach oben. Sie schafft damit auch den größten Wachstumseffekt. Aus einem sechs, sieben, acht Meter hohen Swell baut sie eine Welle auf, und du hast auf einmal eine 15 Meter hohe Wand vor dir – oder am besten hinter dir.

Jaws | 191

Der Charakter der Jaws-Welle

Die Welle von Jaws hat den Vorteil, dass sie riesengroß ist. Doch sie kann noch so groß sein, es gibt immer noch einen Kanal. Die Welle ist wahnsinnig schnell und wahnsinnig sauber. Und wenn es mit dem Wind funktioniert, hat die Welle eine sehr gute Richtung. Es passt alles perfekt zusammen. Jaws hat so viel Power und ist so schnell, da fahr auch ich nur zehn Wellen, und dann mach ich erst mal Pause im Boot.

Wo entsteht Jaws?

Die großen Brecher von Jaws entstehen in gewaltigen Stürmen im Nordpazifik, zum Teil auch in Hurrikans oder in Taifunen über Japan, die sehr weit entfernt diese Wellen produzieren und sie vorantreiben. Je weiter der Sturm entfernt ist, je stärker der Sturm ist, umso größer sind die Wellen, die in Hawaii ankommen. Ein lokaler Sturm zum Beispiel bringt nur Kabbelwasser. Das sind in etwa die typischen Nordseewellen. Der Sturm muss 2 000, 3 000 Kilometer weit entfernt sein, damit solche Krisenwellen entstehen. Manche Wellen entstehen bei kleinen Erdrutschen oder bei Vulkanausbrüchen. Gute Wellen kündigen sich schon fünf, sechs Tage vorher an. Dann wird schon mal das Material vorbereitet; meist sind es dann noch zwei, drei Tage, bis der Swell die hawaiianischen Inseln erreicht. Dann musst du noch das große Glück haben, dass auch die Sonne scheint, damit genug Wind aufkommen kann, und dann ziehen wir schon sehr früh los, damit wir auf die Welle kommen. Das dauert mit dem Jetski eine Dreiviertelstunde. Wenn die Welle so richtig groß ist, musst du vom Hafenbecken aus losfahren, dann dauert alles doppelt so lange. Wenn die Welle wirklich groß ist, fahren wir oft auch mit drei, vier Leuten im Boot hinaus, weil es einfach sicherer ist.

Wem gehört die Jaws-Welle?

Wer als Erster drauf ist auf der Welle, dem gehört sie. Und wenn fünf, sechs Leute draußen sind, ist das kein Problem, weil es auch fünf, sechs Wellen in jedem Set gibt. Wenn natürlich mehr Leute draußen sind, muss man ein bisschen warten, um die Welle für sich zu sichern.

Welche Welle ist die beste?

Die erste Welle eines Sets nimmt man nie, die zweite eigentlich auch nicht, weil dann noch sieben Wellen dahinterliegen. Es muss ja nicht sein, dass man sieben Wellen aufs Dach bekommt, wenn man stürzt, es reicht, wenn man zwei, drei Wellen abbekommt. Außerdem haben die ersten beiden Wellen die meisten Kabbelwellen. Wenn die gebrochen sind, haben sie das Wasser für die nächsten Wellen gereinigt, und du findest saubere Wellenhänge vor. Deswegen sind auch die letzten Wellen immer die saubersten. Und deshalb versuche ich auch immer, in der Mitte zu sein in der dritten, vierten, fünften Welle.

Nur für Könner

Für Jaws muss man sehr viel Können mitbringen und sehr viel Respekt, und jeder, der da hinkommt, der weiß, warum. Bisher sind in Jaws, schätze ich, 30, 40 Windsurfer draußen gewesen und beim Tow-in wahrscheinlich doppelt so viele. Ich nehme an, dass 90 Prozent da draußen einfach nur überleben, zehn Prozent tun wirklich etwas auf der Welle. Die meisten fahren einfach nur geradeaus auf die Welle zu und versuchen, zum Kanal zu kommen. Und etwa fünf Windsurfer surfen diese Wellen wirklich.

Kein Risiko eingehen

In Jaws sollte man nur windsurfen gehen oder Tow-insurfen, wenn man wirklich zu 100 Prozent fit ist, und wenn man darauf vorbereitet ist, denn sonst hast du eine 50-50-Chance, dass du ersäufst. Der einzige Grund, warum noch keiner ertrunken ist, ist, dass immer jemand am Jetski mit dabei ist, als Begleiter, mit einer Rettungsinsel hinten drauf, und wenn dir irgendwas passiert, wirst du meistens schon nach einer Welle rausgezogen. Und wenn zehn Tow-in-Surfer draußen sind, sind zwei Jetskis da, mit irgendeinem Kumpel drauf, der nur dazu da ist, darauf aufzupassen, dass er den Gestürzten gleich nach der ersten Welle wieder rausfischen kann. Klar ist: Wenn du das ganze Set auf den Kopf kriegst, dann ist die Chance natürlich viel größer, dass du absäufst. Einige hatten schon Wasser in den Lungen, wurden ausgepumpt und dann mit dem Helikopter weggeflogen. Aber zum großen Glück ist noch keiner gestorben. Ist aber auch nur eine Frage der Zeit.

Jaws: der größte Kick

DIE TECHNIK FÜR JAWS

Der Weg dorthin

Es ist schwierig hinzukommen. Man muss entweder mit einem kleinen Schlauchboot oder mit dem Jetski hinfahren. Am Strand von Jaws branden die Wellen gegen die Küste und spülen Steine hinauf und hinunter, die einen bis eineinhalb Meter Durchmesser haben. Die riesigen Dinger kullern wie Sandkörner an einem Sandstrand rauf und runter. Du musst die Wellen mit dem Boot anfahren. Wir haben meistens zu dritt oder zu viert ein kleines Boot. Man riggt auf dem Boot auf, und dabei kommst du Jaws langsam näher und siehst schon die Wellen, die höher sind als jedes Haus. Dann tuckerst du bei relativ leichtem Wind raus und kommst oft auch gar nicht mit der Welle mit, wenn es ein bisschen zu wenig Wind hat. Das heißt, man fährt normalerweise ein ziemlich großes Brett, muss aber ein kleines Segel fahren, sonst hast du auf der Welle viel zu viel Segel. Du musst eigentlich genau am Gleitlimit sein, sodass du beim Rausfahren gerade ins Gleiten kommst, und dann kommst du durch Anpumpen und Vollgasgeben noch mit der Welle mit. Das sind die Tatsachen, die man auf den Fotos und auch im Film nicht sieht. Aber es ist oft so, dass du nicht schnell genug bist, auch wenn du voll im Gleiten bist; du schaffst es einfach nicht, mit der Welle mitzukommen. Und die schiebt einfach unter dir durch. Dann geht es 16 Meter hoch und wieder runter. Dann versuchst du, bei der zweiten Welle mitzukommen, fällst ab, fällst ab, fällst ab, fällst ab, und dann schaffst du es, näher dranzubleiben und bist auf einmal drauf. Von da an geht es richtig ab. Dann bist du schön schnell unterwegs.

Wellen abreiten

Die ersten Turns geht man nicht so tief. Man möchte nicht unbedingt gleich die größte Welle auf den Kopf kriegen. Am Anfang der Session schau ich erst mal, wie die Wellen brechen, wie sie sich verhalten. Je nachdem, wie viel West- oder Nordwind in Jaws ist, ist die Welle schneller oder langsamer, da musst du dich dementsprechend herantasten.

Adrenalin pur!

Fehler sind da nicht erlaubt, man muss viel stärker auf Sicherheit gehen. Letztlich sind in Jaws acht bis zehn Meter hohe Wellen, und das ist nicht das gleiche, wie eine drei, vier, fünf Meter hohe Welle, bei der es nicht so schlimm ist, wenn man eine aufs Dach kriegt. Deshalb achtest du auf jede Kleinigkeit. Du passt auf, dass du keine Kabelwelle triffst, dass du die Welle gut ansetzt, dass du es trotz der Konzentration noch immer genießen kannst. Dabei kommt die Aufregung von ganz allein, weil du so viel Speed hast und weil es wirklich laut ist in

8 Meter, 10 Meter, 12 Meter ... keiner weiß es genau

Jaws. Es ist wie ein mächtiger Donner hinter dir, wenn die Welle bricht. Selbst wenn du vor Freude schreist, hörst du dich kaum selbst, weil die Welle noch lauter ist. Da sind ungeheure Wassermassen unterwegs. Es gibt keine Welle, die so hoch ist wie Jaws, zumindest keine, die ich kenne oder gefahren bin.

Enorme Geschwindigkeit

In der Jaws-Welle schaffst du enorme Geschwindigkeiten. Du musst sehr viel Druck aufs Brett bringen, sonst fliegst du sofort weg. Wer nur kleine Wellen gewohnt ist, kommt gar nicht runter von oben. Also wenn du oben auf der Welle stehst und runterfährst und große Wellen nicht gewohnt bist, kommst du unten erst gar nicht an. Da fliegt dir schon vorher alles weg. Einfach aufgrund der Geschwindigkeit. Gefühlsmäßig bist du zwischen 28 bis 30 Knoten unterwegs, also sehr schnell, dementsprechend kontrolliert sollte man auch sein. Das ist ähnlich dem Erlebnis mit einem Snowboard; wenn du zuerst nur auf flachen Pisten rumgezogen bist und dann schlagartig irgendwo an einem Hang stehst, der fast senkrecht hinuntergeht. Wenn du den Hang wie einen normalen Hang runterfährst, dann nimmst du Speed auf, krachst irgendwo dagegen, wirst zum Schneeball und rollst halt eben mal runter.

In Jaws musst du wirklich ausreichend Druck auf das Brett und auf den vorderen Fuß bringen, sodass das Brett flach liegen bleibt beim Ritt; du musst ganz schön und ganz gleichmäßig

Es ist keine Angst. Es ist Respekt.

Druck halten, damit das Brett wirklich gerade bleibt. Und gleichzeitig musst du darauf achten, dass du das Segel nicht hochziehst, denn wenn du es hochziehst, kommt Wind unten drunter, und dann zieht es dir alles weg. Das ist das Feingefühl, das du für Jaws brauchst, mit dem man genau die richtige Balance finden muss. Du drückst also das ganze Material auf das Wasser drauf. Und dann genießt du. Und bleibst so nah an der Gefahrenzone dran wie nur möglich, ohne dass es lebensgefährlich wird.

DIE WELLE DREHT SICH EIN

Dann fängt die Welle an zu brechen, und in Jaws ist sie dann sechs bis zehn Meter hoch. Die fährst du runter, und soweit du sehen kannst, biegt sich alles nur noch. Die Welle biegt sich wie eine Banane. Das ist keine Welle, die so gerade hinunterbricht, die bricht eigentlich gegen dich. Typisch für Jaws ist genau diese Banane, also dass die Welle Form bekommt, dass sie sich eindreht, dass sie dir entgegenkommt und du deshalb so viel Schwung im Turn bekommst. Es ist nicht wie in einer kleinen Welle, die du hinauffährst und dabei eher langsam bist. Jaws dreht sich immer herein, und dabei kriegt sie doppelt so viel Schwung. Um das aufzufangen, drückst du die Luvkante rein, hältst das Segel schön dicht und passt auf, dass du keinen Spinout machst. Du fährst deswegen auch eine etwas größere Finne. Du musst zusehen, dass du die Wand runterkommst. Und du musst möglichst ein paar Mal rauf und runter, aber zugleich gegen diesen gewaltigen Schub fahren, der sich gegen dich aufstellt. Das heißt, du wirst immer schneller, und wenn ein bisschen Westwind drin ist, und du nicht schnell genug bist, dann kommst du nicht vorbei, dann ist alles aus und vorbei, und du kommst von der Welle nicht mehr weg.

Stürzen in Jaws

Stürzen in Jaws würde ich niemandem empfehlen. Es gibt einige, die haben hinten an der Pole-section, also dort, wo es richtig steil ist, schon alles rausgelassen, aber das geht meistens in die Hose. Dort richtig reinzufahren und zu versuchen, einen Aerial zu machen, funktioniert im Prinzip schon, aber die meisten, so neun von zehn, haben nach dem einen Versuch alles weggeschmissen.

Ich bin noch nie am Peak gestürzt, und ich möchte es auch nicht. Am Ende der Welle habe ich die Welle schon mal draufbekommen, und dann drehst du dich innerhalb von zwei, drei Sekunden etwa fünfmal um die eigene Achse. Wenn dir das am Wellenanfang passiert, kannst du das mit zehn multiplizieren. Dann hast du auf jeden Fall eine volle Lunge Luft.

Angst

In Jaws zu fahren, bedeutet immer einen Adrenalin-Rush. Aber das merkst du eigentlich immer erst am Ende der Session. Wenn du eine riesengroße Welle gefahren bist und am Ende der Welle rauskommst, hast du einen guten Herzschlag. Wegen der Anstrengung, der Konzentration, aber auch wegen des Adrenalins. Aber genau deswegen fährt man da auch, um ein bisschen Adrenalin zu spüren. Das ist natürlich nicht mehr so einfach, wenn man schon oft hohe Wellen gesurft ist. Man stumpft da tatsächlich ab, was das Adrenalin betrifft, und es muss schon einiges passieren, damit da wieder was in Bewegung kommt und zum High Feeling wird. Die Geschwindigkeit auf der Welle ist enorm. Das sieht man an keinem anderen Spot. Jaws ist wirklich schnell und wirklich steil. In Jaws geht es gerade runter. Das kann nur einer einschätzen, der jemals da draußen war.

Der Speed von der Welle ist unvergleichbar mit irgendeiner anderen Welle, die ich je gesurft bin. Jaws ist speziell. Man muss das große Glück haben, einen guten Tag zu erwischen. Es gibt nicht viele davon. Im Winter 2005/2006 gab es genau eine Stunde, in der es richtig gut war.

Fehler sind nicht erlaubt

FRAGEN-RAP 4

Lieblingsmusik? Rockmusik, Hardrockmusik: AC/DC, Metallica, Pearl Jam, Pink Floyd, Santana. Musik hab ich auf dem Laptop, 10 000 Songs. Direkt vor dem Contest höre ich keine Musik, nur wenn ich an den Strand fahre. Walkman mit Kopfhörer verwende ich prinzipiell nicht, auch nicht beim Laufen oder beim Trainieren im Studio.

Lieblingssprüche? Life is too short to windsurf slowly. Life begins at 40 knots. Don't wait, just do it. Lead, don't follow.

Wo sind deine Pokale? Viele stehen in Andorra, viele sind auf Maui, viele sind auf Gran Canaria. Und viele stehen im Keller, weil kein Platz mehr ist. Aufgestellt habe ich die Pokale der schwierigen Siege und ein paar andere wegen ihrer schönen Form.

Was machst du, wenn keine Windsurfverhältnisse sind? Wenn kein Wind ist, ist halt kein Wind. Dann ist eben Mountainbiken angesagt. Ich gehe dann gerne auf eine längere Tour. Und ich gehe natürlich ins Gym, trainiere ein bisschen härter, was nicht geht, wenn du am gleichen Tag surfen gehst, sonst stehst du wie ein Klotz auf dem Brett.

Ein Tag ohne Rennen? Ich stehe morgens auf, spiele mit den Kids, bis sie müde sind, gehe eine Stunde ins Gym, dann drei bis vier Stunden lang windsurfen, dann noch mal ins Gym oder zum Entspannen oder noch eine schöne Runde Golf spielen. Dann wieder mit den Kids ein paar Stunden spielen und so weiter. Das geht von acht bis zehn eigentlich durchgehend. Zwischen neun und zehn wird zu Abend gegessen. Und dann vor zwölf ins Bett – hoffentlich!

Essen und trinken während des Wettkampfes? Meine Red Bulls, mein Wasser, meine Müslibars und verschiedene Snacks, um über den Tag zu kommen.

Sammelst du Einladungskarten, Ergebnislisten, Flaggen? Viele der Contest-Lycras bringe ich mit nach Hause. Die meisten hängen bei Proof oder liegen bei mir in der Garage.

Was bedeutet dein Lieblingswort »Kindergeburtstag«? Halbe Sachen. Dinge, die zu einfach sind. Seit der Geburt meiner Kinder sind Kindergeburtstage aber auch eine ganz ernste Sache geworden.

Kleinigkeiten? Ich schmeiße keinen Müll ins Meer oder hinters Auto. Das sind nur Kleinigkeiten, aber sie sind mir wichtig.

Schadenfreude? Ich denke, dass die meisten mehr Schadenfreude empfinden als wirkliche Freude, so leid und so weh es mir auch tut, wenn ich das sage. Ich freue mich über positive Dinge und nicht über schlechte Dinge. Wenn einer hinfällt, dann helfe ich der Person lieber, wieder aufzustehen, als dass ich darüber lache, dass sie hingefallen ist.

Eifersucht? Eifersucht ist leider und wahrscheinlich der größte Fehler der Menschheit. Ignorieren kannst du es nicht. Aber ich leide auch nicht darunter. Es ist mir völlig bewusst, dass die meisten Leute eifersüchtig auf alles sind, was andere haben. Und wenn man ihnen sagt, sie sollen doch selbst aktiv werden und etwas unternehmen, sind sie stattdessen lieber eifersüchtig auf das Auto des Nachbarn, auf die Wiese, auf den Köter, auf die Frau des Nachbarn. Sie verbringen mehr Zeit damit, darüber nachzudenken, was der andere eigentlich hat, als selbst etwas für sich zu tun. Wenn es keine oder weniger Eifersucht geben würde, dann würde vieles wahrscheinlich besser funktionieren. Wenn jeder einfach denken würde, okay, ich behandle jetzt jeden so, wie ich es auch gerne hätte, dass man mich behandelt, würde vieles anders ausschauen. Aber den meisten Leuten ist das echt egal, sie sind lieber neidisch auf den Nachbarn. Jedem, der etwas erreicht und geschafft hat, gönne ich es voll und ganz und gratuliere ihm dazu. Wenn man etwas erreichen möchte, muss man durchhalten. Von nichts kommt nichts. Du kannst dich unter einen Baum setzen und warten, bis dir der Apfel irgendwann in die Hand fällt, aber das ist nicht mein Weg. Solche wie mich gibt es zwar überall, aber ich denke, es gibt leider zu wenige. Die gehen unter. Die, die etwas schaffen, gehen unter den Eifersüchtigen unter. Ich bin kein Psychologe. Ich will auch nicht mehr dazu sagen. Aber ich denke mir einfach, dass die Leute, die etwas erreicht haben, auch anderen etwas gönnen, weil sie wissen, was dahintersteckt. Die Leute, die nicht viel erreicht haben, begnügen sich damit, eifersüchtig zu sein auf das, was andere haben.

Side Shore – die Apartmentanlage deines Vaters? Das ist eine ganz gemütliche kleine Anlage auf den Kanaren. Im Winterhalbjahr kann man vor der Schule sehr oft freeriden und slalomfahren. Im Sommerhalbjahr muss man nach Pozo oder Vargas hinauffahren. Was ich an der Anlage so genieße, ist, dass sie schön gemütlich ist und dass man dort wunderbar sitzen und aufs Meer hinausschauen kann. Die Kanaren haben immer den Vorteil, dass sie ein Teil von Europa sind und damit politisch und aufgrund der geringen Kriminalitätsrate ziemlich sicher, im Vergleich zu vielen anderen Plätzen. Außerdem ist es dort natürlich immer schön warm, während es im übrigen Europa kalt ist.

Was hat dich als Jugendlicher beeinflusst? Der, der mich nach Pozo an den Strand gebracht hat, der hat mich beeinflusst.

Maria? Meine Frau Maria ist ursprünglich aus Las Palmas. Komisch, ich bin um die ganze Welt gereist und 30- oder 40-mal um den Globus. Und dann heirate ich eine Frau von der Insel, auf der ich aufgewachsen bin. Eigentlich fantastisch!

Die Kinder? Ich versuche jeden Tag, ein paar Stunden effizient mit ihnen unterwegs zu sein. Sie nicht den ganzen Tag am Arm hängen zu haben, sondern wenn, dann ein gutes Programm mit ihnen zu absolvieren. Und den anderen Teil des Tages bin ich mit Testen, Kommunizieren, Planen, Training beschäftigt. Alba und Liam sind aber super: Sie lieben Wasser, lieben Action, lieben Reisen. Das muss irgendwie im Blut liegen. Beide sind schon auf dem Brett mitgesurft, aber beide sind noch zu jung, um selbst zu surfen. Zum Skifahren in Andorra sind sie aber schon alt genug. Die Family fliegt aber immer mit, wenn ich etwas länger unterwegs bin. Alba war schon dreimal auf Hawaii, in diesem Jahr schon fünf Wochen lang, und sie ist jedes Jahr auf den Kapverden. Liam war zweimal auf den Kapverden. In Mexiko waren sie fünf Wochen dabei, dann mit dem Wohnmobil quer durch Europa, einen Monat in Frankreich, ein paar Wochen auf Sardinien. Martina, unser jüngster Nachwuchs kam im Oktober 2007 zur Welt.

Deine Schwester Britt? Wir waren ja überall zu zweit. Wir haben den ersten Weltcup zusammen gewonnen, damals. Mit Britt unterwegs gewesen zu sein und dadurch immer einen Teil der Familie mit dabei gehabt zu haben, war sicher eine große Hilfe, auch wenn mir das in dem Moment nicht so bewusst gewesen ist. Als 17-, 18-Jähriger denkst du nicht viel nach über solche Sachen, aber anders war es ganz sicher. Gemeinsam haben wir, glaube ich, um die fünf Titel gewonnen. Auf dem Treppchen sind wir sicher 20-mal zusammen gestanden, über all die Jahre. Sie ist letztendlich sieben, acht Jahre gefahren, hat dabei die Hälfte der Contests gewonnen und die andere Hälfte waren es zweite Plätze, weil sie es gerade mal nicht geschafft hat.

Was bedeutet für dich Lebensqualität? Lebensqualität bedeutet, machen zu können, was ich machen möchte, in der Zeit, in der ich es machen möchte. Und beim Windsurfen die besten Windsurfbedingungen aussuchen zu können, die es gibt. Deswegen habe ich The Search gemacht. Weil ich einfach die besten Plätze fahren wollte, und das habe ich dann auch gemacht. Und: mit der Familie, mit Freunden Zeit zu verbringen. Und so wenig Zeit wie möglich zu verschenken. Ich bin keiner, der nur eine Stunde verschenkt am Tag. Ich möchte aktiv sein, fünf verschiedene Aktivitäten an einem Tag durchführen. Und wer nicht mithält, der soll nicht mitkommen.

Dein engster Freundeskreis? Das sind einige: Vittorio, Vidar, Christopher, Carlos, Peter und noch ein paar andere. Wer deine Freunde sind, weißt du erst, wenn du ein Problem hast. Da zeigt es sich, wer wahre Freunde sind. Ich habe sicher gute Freunde, sehr gute Freunde und eben sehr viele gute Bekannte. Und darunter sind dann natürlich immer welche, die auch ein bisschen mit in der Sonne stehen wollen. Aber ich denke, ich kann die ganz gut rausfiltern.

Die wichtigsten Athleten im und für das Windsurfen?
Unter den Aktiven, also den Windsurfern, würde ich nach wie vor Robby sagen. Außerdem Leute von unterschiedlichen Firmen: Svein Rasmussen von Starboard, der Martin Brandner von JP Australia, die Jungs von Neil Pryde und Raoul Joa von North Sails. Die versuchen alle, ihren Teil dazu beizutragen. Aber es reicht immer noch nicht. Es fehlt eine Organisation. Ein Schritt in die richtige Richtung ist eine Organisation, die das Windsurfen generell mehr in das Bewusstsein der Öffentlichkeit bringt. Seit Kurzem gibt es eine Organisation, die mit der Aufgabe unterwegs ist, Windsurfen in den Mainstream-Medien stärker herauszubringen.

Der wichtigste Manager des Sports?
Peter Brockhaus hat sehr, sehr viel für den Sport getan, promotionmäßig, aber auch wettkampfmäßig. Seine Aktionen sind so umfangreich und bedeutend, die kann man wahrscheinlich gar nicht alle auflisten.

DIE STATISTIK EINER EINZIGARTIGEN KARRIERE

REGATTEN, PLATZIERUNGEN UND ERFOLGE

228	GEFAHRENE WETTBEWERBE IN DEN EINZELDISZIPLINEN IM WORLDCUP
118	EINZELSIEGE BEI WORLDCUPRENNEN IN DEN EINZELDISZIPLINEN
31	2. PLÄTZE BEI WORLDCUPRENNEN IN DEN EINZELDISZIPLINEN
15	3. PLÄTZE BEI WORLDCUPRENNEN IN DEN EINZELDISZIPLINEN

1984

5. Juli: erster Start beim Euro Funboard Cup auf dem Gardasee (Italien)
September: Euro Funboard Cup Finals Zandvoort (Holland): 2. Platz Slalom
Oktober: erster Start im Worldcup Scheveningen (Holland): 5. Platz Waveriding

1985

Amateur Funboard World Championship Gardasee (Italien): 17. Platz Slalom /
30. Platz Kursrennen
Worldcup Sylt (Deutschland): 9. Platz Waveriding

1986

Worldcup Omaezaki (Japan): 6. Platz Slalom / 4. Platz Waveriding / 19. Platz Kursrennen /
5. Platz Overall
Worldcup La Torche (Frankreich): 3. Platz Slalom / 3. Platz Waveriding / 17. Platz Kursrennen /
3. Platz Overall
Worldcup Sylt (Deutschland): 2. Platz Waveriding / 23. Platz Kursrennen / 14. Platz Overall
Worldcup Zandvoort (Holland): 17. Platz Slalom / 9. Platz Waveriding / 24. Platz Kursrennen /
14. Platz Overall
*WBA-Jahresrangliste: 4. Platz Slalom / 3. Platz Waveriding / 19. Platz Kursrennen /
7. Platz Overall*

1987

Worldcup Omaezaki (Japan): 7. Platz Slalom / 2. Platz Waveriding / 15. Platz Kursrennen /
5. Platz Overall
Worldcup La Torche (Frankreich): 6. Platz Kursrennen
Worldcup San Francisco (USA): 1. Platz Slalom / 4. Platz Kursrennen / 1. Platz Overall
Speedweek Fuerteventura (Spanien): 23. Platz
Worldcup Sylt (Deutschland): 2. Platz Waveriding / 6. Platz Kursrennen / 3. Platz Overall
Worldcup Zandvoort (Holland): 12. Platz Kursrennen
Worldcup Guadeloupe: 1. Platz Kursrennen / 1. Platz Slalom / 1. Platz Overall
*WBA-Jahresrangliste: 2. Platz Slalom / 2. Platz Waveriding / 5. Platz Kursrennen /
2. Platz Overall*

1988

Worldcup Niijima (Japan): 1. Platz Slalom

Worldcup Omaezaki (Japan): 1. Platz Kursrennen

Worldcup Sylt (Deutschand): 1. Platz Slalom / 9. Platz Waveriding / 5. Platz Kursrennen / 3. Platz Overall

Worldcup O'Neill Invitational Maui/Hawaii (USA): 4. Platz Waveriding

Worldcup Scheveninger (Holland): 4. Platz Kursrennen

Worldcup Les Sables d'Olonne (Frankreich): 12. Platz Kursrennen

Worldcup Aruba (Karibik/Königreich der Niederlande): 1. Platz Slalom

Worldcup Curaçao (Karibik/niederländische Antillen): 1. Platz Slalom

Worldcup San Francisco (USA): 2. Platz Kursrennen

Worldcup Gorge Pro-Am (USA): 1. Platz Slalom

Worldcup Gardasee (Italien): 1. Platz Slalom

Worldcup Tarifa (Spanien): 1. Platz Slalom / 3. Platz Kursrennen / 1. Platz Overall

Worldcup Zandvoort (Holland): 9. Platz Kursrennen

Worldcup Aloha Classic, Maui/Hawaii (USA): 1. Platz Slalom / 5. Platz Waveriding

PBA-Jahresrangliste: 1. Platz Slalom / 3. Platz Waveriding / 3. Platz Kursrennen / 1. Platz Overall

(Bjørn Dunkerbeck wird zum ersten Mal Overall-Weltmeister im Worldcup)

1989

Worldcup Almanarre (Frankreich): 1. Platz Slalom / 2. Platz Waveriding / 1. Platz Kursrennen / 1. Platz Overall

Worldcup O'Neill Invitational, Maui/Hawaii (USA): 1. Platz Slalom / 5. Platz Waveriding / 5. Platz Kursrennen / 1. Platz Overall

Worldcup Omaezaki (Japan): 1. Platz Slalom / 1. Platz Kursrennen / 1. Platz Overall

Worldcup Curaçao (Karibik/niederländische Antillen): 3. Platz Slalom

Worldcup Aruba (Karibik/Königreich der Niederlande): 1. Platz Slalom

Worldcup Cabarete (Dominikanische Republik): 1. Platz Slalom

Worldcup Puerto Rico: 5. Platz Kursrennen

Speedweek Fuerteventura (Spanien): 3. Platz Speed

Worldcup Fuerteventura (Spanien): 1. Platz Slalom

Worldcup Guincho (Portugal): 2. Platz Slalom /
3. Platz Kursrennen / 1. Platz Overall
Worldcup Sylt (Deutschland): 5. Platz Slalom /
2. Platz Waveriding / 1. Platz Kursrennen /
1. Platz Overall
Worldcup Scheveningen (Holland): 4. Platz Slalom /
1. Platz Waveriding / 1. Platz Kursrennen /
1. Platz Overall
Worldcup Aloha Classic, Maui/Hawaii (USA): 1. Platz Slalom /
17. Platz Waveriding / 1. Platz Kursrennen / 2. Platz Overall
*PBA-Jahresrangliste: 1. Platz Slalom / 2. Platz Waveriding / 2. Platz Kursrennen /
1. Platz Overall (Weltmeister)*

1990

Worldcup Almanarre (Frankreich): 1. Platz Slalom / 2. Platz Waveriding / 1. Platz Kursrennen /
1. Platz Overall
Indoor Worldcup Paris-Bercy (Frankreich): Platzierung liegt nicht vor
Worldcup O'Neill Invitational, Maui/Hawaii (USA): 2. Platz Waveriding
Worldcup Omaezaki (Japan): 3. Platz Slalom / 1. Platz Kursrennen / 1. Platz Overall
Worldcup Curaçao (Karibik/niederländische Antillen): 1. Platz Slalom
Worldcup Aruba (Karibik/Königreich der Niederlande): 1. Platz Slalom
Worldcup Puerto Rico: 1. Platz Kursrennen
Worldcup San Francisco (USA): 1. Platz Kursrennen
Worldcup Tarifa (Spanien): 1. Platz Slalom
Speedweek Fuerteventura (Spanien): 1. Platz Speed / 1. Platz Slalom
Worldcup Lanzarote (Spanien): 1. Platz Slalom
Worldcup Sylt (Deutschland): 5. Platz Slalom / 2. Platz Waveriding / 2. Platz Overall
Worldcup Scheveningen (Holland): 1. Platz Kursrennen
Worldcup Maui/Hawaii (USA): 2. Platz Slalom / 4. Platz Waveriding / 1. Platz Kursrennen /
1. Platz Overall
*PBA-Jahresrangliste: 1. Platz Slalom / 1. Platz Waveriding / 1. Platz Kursrennen /
1. Platz Overall (Weltmeister)*

1991

Worldcup Nouméa (Neukaledonien): 1. Platz Slalom

Worldcup Almanarre (Frankreich): 5. Platz Slalom / 1. Platz Kursrennen / 1. Platz Overall

Indoor Worldcup Paris-Bercy (Frankreich): 2. Platz Slalom / 21. Platz Jump

Worldcup O'Neill Invitational, Maui/Hawaii (USA): 1. Platz Slalom / 4. Platz Waveriding /
1. Platz Kursrennen / 1. Platz Overall

Worldcup Omaezaki (Japan): 1. Platz Slalom / 1. Platz Waveriding / 1. Platz Kursrennen /
1. Platz Overall

Worldcup Aruba (Karibik/Königreich der Antillen): 1. Platz Slalom

Worldcup Oahu/Hawaii (USA): 1. Platz Waveriding

Worldcup Tarifa (Spanien): 1. Platz Slalom

Speedweek Tarifa (Spanien): 1. Platz Speed (43,34 Knoten/80,26 km/h)

Worldcup Teneriffa (Spanien): 1. Platz Slalom / 1. Platz Waveriding / 1. Platz Kursrennen /
1. Platz Overall

Worldcup Gran Canaria (Spanien): 1. Platz Waveriding

Worldcup Fuerteventura (Spanien): 1. Platz Slalom

Worldcup Sylt (Deutschland): 1. Platz Slalom / 2. Platz Waveriding / 1. Platz Overall

Worldcup Aloha Classic, Maui/Hawaii (USA): 1. Platz Slalom / 5. Platz Waveriding /
1. Platz Kursrennen / 1. Platz Overall

*PBA-Jahresrangliste: 1. Platz Slalom / 3. Platz Waveriding / 1. Platz Kursrennen /
1. Platz Overall (Weltmeister)*

1992

Indoor Worldcup Paris-Bercy (Frankreich): 5. Platz Slalom / 12. Platz Jump

Worldcup O'Neill Invitational, Maui/Hawaii (USA): 1. Platz Kursrennen

Worldcup Almanarre (Frankreich): 1. Platz Kursrennen

Worldcup Omaezaki (Japan): 1. Platz Slalom / 1. Platz Waveriding / 1. Platz Kursrennen /
1. Platz Overall

Worldcup Aruba (Karibik/Königreich der Niederlande): 1. Platz Slalom

Worldcup Gran Canaria (Spanien): 1. Platz Slalom

Worldcup Teneriffa (Spanien): 1. Platz Slalom / 1. Platz Waveriding / 1. Platz Kursrennen /
1. Platz Overall

Worldcup Gardasee (Italien): 1. Platz Slalom

Worldcup Sylt (Deutschland): 2. Platz Slalom
Worldcup Aloha Classic, Maui/Hawaii (USA): 1. Platz Slalom / 1. Platz Kursrennen / 1. Platz Overall
PBA-Jahresrangliste: 1. Platz Slalom / 1. Platz Waveriding / 1. Platz Kursrennen / 1. Platz Overall (Weltmeister)

1993
Worldcup Almanarre (Frankreich): 1. Platz Slalom / 31. Platz Kursrennen / 14. Platz Overall
Indoor Worldcup Paris-Bercy (Frankreich): Platzierung liegt nicht vor
Worldcup Cape Town (Südafrika): 1. Platz Waveriding
Worldcup Omaezaki (Japan): 2. Platz Waveriding / 1. Platz Kursrennen / 1. Platz Overall
Worldcup Aruba (Karibik/Königreich der Niederlande): 1. Platz Slalom
Worldcup Gran Canaria (Spanien): 1. Platz Slalom
Worldcup Teneriffa (Spanien): 1. Platz Waveriding
Speedweek Tarifa (Spanien): 1. Platz Speed (43,06 Knoten)
Worldcup Sylt (Deutschland): 1. Platz Slalom
Worldcup Aloha Classic, Maui/Hawaii (USA): 1. Platz Slalom / 2. Platz Waveriding / 1. Platz Kursrennen / 1. Platz Overall
PBA-Jahresrangliste: 1. Platz Slalom / 1. Platz Waveriding / 1. Platz Kursrennen / 1. Platz Overall (Weltmeister)

1994
Indoor Worldcup Genf (Schweiz): 7. Platz Slalom / 15. Platz Jump
Worldcup Almanarre (Frankreich): 1. Platz Kursrennen
Indoor Worldcup Paris-Bercy (Frankreich): 20. Platz Slalom / 34. Platz Jump / 8. Platz Overall
Worldcup Gran Canaria (Spanien): 1. Platz Slalom / 2. Platz Waveriding / 1. Platz Kursrennen / 1. Platz Overall
Worldcup Teneriffa (Spanien): 1. Platz Slalom / 2. Platz Waveriding / 1. Platz Kursrennen / 1. Platz Overall
Speedweek Tarifa (Spanien): 2. Platz Speed (36,75 Knoten)

Worldcup Tarifa (Spanien): 2. Platz Slalom
Worldcup St. Moritz (Schweiz): 1. Platz Kursrennen
Speedweek Fuerteventura (Spanien): 2. Platz Speed (40,01 Knoten)
Worldcup Sylt (Deutschland): 2. Platz Slalom / 3. Platz Waveriding / 2. Platz Overall
Worldcup Aloha Classic, Maui/Hawaii (USA): 1. Platz Slalom / 1. Platz Waveriding / 1. Platz Kursrennen / 1. Platz Overall
PBA-Jahresrangliste: 1. Platz Slalom / 1. Platz Waveriding / 1 Platz Kursrennen / 1. Platz Overall (Weltmeister)
PBA-Speed-Jahresrangliste: 1. Platz (Weltmeister)

1995

Worldcup Nouméa (Neukaledonien): 2. Platz Kursrennen
Worldcup Chiemsee Wave Classic, Maui/Hawaii (USA): 9. Platz Waveriding
Worldcup Almanarre (Frankreich): 1. Platz Kursrennen
Indoor Worldcup Paris-Bercy (Frankreich): 5. Platz Slalom / 17. Platz Jump / 9. Platz Overall
Worldcup O'Neill Invitational, Maui/Hawaii (USA): 4. Platz Waveriding
Worldcup Aruba (Karibik/Königreich der Niederlande): 1. Platz Racing
Worldcup Gran Canaria (Spanien): 1. Platz Racing / 1. Platz Waveriding / 1. Platz Overall
Worldcup Teneriffa (Spanien): 2. Platz Racing / 1. Platz Waveriding / 1. Platz Overall
Worldcup Fuerteventura (Spanien): 1. Platz Racing
Speed Week Fuerteventura (Spanien): 5. Platz Speed (42,89 Knoten)
Worldcup Brighton (Großbritannien): 4. Platz Racing
Worldcup Sylt (Deutschland): 1. Platz Racing / 1. Platz Waveriding / 1. Platz Overall
PBA-Jahresrangliste: 1. Platz Racing / 1. Platz Waveriding / 1. Platz Overall (Weltmeister)

1996

Indoor Worldcup Amsterdam (Niederlande): 15. Platz Overall
Worldcup Aruba (Karibik/Königreich der Niederlande): 1. Platz Racing
Worldcup Gran Canaria (Spanien): 1. Platz Racing / 1. Platz Waveriding / 1. Platz Overall
Worldcup Teneriffa (Spanien): 1. Platz Racing
Worldcup Fuerteventura (Spanien): 1. Platz Racing
Speedweek Fuerteventura (Spanien): 2. Platz Speed (41,46 Knoten)
Worldcup Guincho (Portugal): 1. Platz Waveriding
Indoor Worldcup Barcelona (Spanien): 2. Platz Racing / 15. Platz Jump / 7. Platz Overall
Worldcup Sylt (Deutschland): 1. Platz Racing / 4. Platz Waveriding / 1. Platz Overall
Worldcup Scheveningen (Holland): 1. Platz Racing
PWA-Jahresrangliste: 1. Platz Racing / 2. Platz Waveriding / 1. Platz Overall (Weltmeister)

1997

Worldcup Almanarre (Frankreich): 4. Platz Racing
Indoor Worldcup Lyon (Frankreich): Platzierung liegt nicht vor
Worldcup Namotu (Fidschi): 5. Platz Waveriding
Worldcup Gran Canaria (Spanien): 1. Platz Racing / 3. PlatzWaveriding / 1. Platz Overall
Worldcup Fuerteventura (Spanien): 1. Platz Racing
Speedweek Fuerteventura (Spanien): 1. Platz Speed (36,63 Knoten)
Worldcup Paros (Griechenland): 1. Platz Racing
Worldcup Sylt (Deutschland): 1. Platz Racing / 4. Platz Waveriding / 1. Platz Overall
Indoor Worldcup Mailand (Italien): Platzierung liegt nicht vor
Indoor Worldcup Berlin (Deutschland): 1. Platz Racing / 11. Platz Jump / 4. Platz Overall
Worldcup Fortaleza (Brasilien): 1. Platz Racing
Indoor Worldcup Madrid (Spanien): Platzierung liegt nicht vor
PWA-Jahresrangliste: 1. Platz Racing / 4. Platz Waveriding / 1. Platz Overall (Weltmeister)

1998

Indoor Worldcup Marseilles (Frankreich): 12. Platz Racing / 5. Platz Jump / 8. Platz Overall
Worldcup Neusiedler See (Österreich): 3. Platz Freestyle
Worldcup King of the Lake, Gardasee (Italien): 5. Platz Freestyle
Worldcup Gran Canaria (Spanien): 2. Platz Racing / 1. Platz Waveriding / 1. Platz Overall

Worldcup Fuerteventura (Spanien): 1. Platz Racing / 1. Platz Freestyle
Worldcup Sylt (Deutschland): 1. Platz Racing
Worldcup Fortaleza (Brasilien): 8. Platz Waveriding
Worldcup Aloha Classic, Maui/Hawaii (USA): 7. Platz Waveriding
PWA-Jahresrangliste: 1. Platz Racing / 3. Platz Waveriding / 1. Platz Overall (Weltmeister)
PWA-Freestyle-Rangliste: 1. Platz (Weltmeister)

1999

Worldcup O'Neill Wave Classic, Baja California (Mexiko): 3. Platz Waveriding
Worldcup Neusiedler See (Österreich): 17. Platz Freestyle
Worldcup King of the Lake, Gardasee (Italien): 25. Platz Freestyle
Worldcup Gran Canaria (Spanien): 1. Platz Racing / 6. Platz Waveriding
Worldcup Fuerteventura (Spanien): 1. Platz Racing / 8. Platz Freestyle
Worldcup Sylt (Deutschland): 1. Platz Racing / 1. Platz Waveriding
Worldcup Fortaleza (Brasilien): 4. Platz Racing
Worldcup Aloha Classic, Maui/Hawaii (USA): 4. Platz Waveriding
PWA-Jahresrangliste: 1. Platz Racing / 1. Platz Waveriding / 1. Platz Overall (Weltmeister)
PWA-Jahresrangliste Freestyle: 19. Platz

2000

Worldcup Maui/Hawaii (USA): 13. Platz Waveriding
Worldcup Gran Canaria (Spanien): 3. Platz Racing
Worldcup Fuerteventura (Spanien): 3. Platz Racing
Worldcup Irland: 17. Platz Waveriding
Worldcup Aloha Classic, Maui/Hawaii (USA): 3. Platz Racing / 4. Platz Waveriding
PWA-Jahresrangliste: 3. Platz Racing / 9. Platz Waveriding / 2. Platz Overall

2001

Worldcup Gran Canaria, Vargas (Spanien): 2. Platz Waveriding
Worldcup Gran Canaria, Pozo (Spanien): 1. Platz Waveriding
Worldcup Sylt (Deutschland): 9. Platz Waveriding
Worldcup Irland: 2. Platz Waveriding
PWA-Jahresrangliste: 1. Platz Waveriding (Weltmeister)

2002

Worldcup Gran Canaria, Vargas (Spanien): 1. Platz Waveriding
Worldcup Gran Canaria, Pozo (Spanien): 2. Platz Waveriding
PWA-Jahresrangliste: 2. Platz Waveriding

2003

Worldcup Gran Canaria, Pozo (Spanien): 3. Platz Waveriding
Worldcup Sylt (Deutschland): 3. Platz Waveriding
PWA-Jahresrangliste: 2. Platz Waveriding

2004

Indoor Worldcup Paris-Bercy (Frankreich): 8. Platz Slalom / 11. Platz Jump /
9. Platz Freestyle / 15. Platz Overall
F2 Speed Challenge, Gardasee (Italien): 1. Platz Speed (56,8 km/h)
Speedweek Fuerteventura (Spanien): 1. Platz Speed (42,53 Knoten)
Worldcup Gran Canaria, Pozo (Spanien): 3. Platz Waveriding
Worldcup Sylt (Deutschland): 1. Platz Waveriding
PWA-Jahresrangliste: 3. Platz Waveriding

2005

Race of Champions, Gardasee (Italien): 1. Platz Slalom
F2 Speed Challenge, Gardasee (Italien): 1. Platz Speed (51,50 km/h)
Worldcup Guincho (Portugal): 9. Platz Waveriding
Worldcup Gran Canaria, Pozo (Spanien): 7. Platz Waveriding
Speedweek Fuerteventura (Spanien): 1. Platz Speed (36,07 Knoten)
Worldcup/IFCA-Slalom WM Fuerteventura (Spanien): 2. Platz Slalom
Worldcup Sylt (Deutschland): 1. Platz Slalom / 9. Platz Waveriding
Speedweek Namibia: 1. Platz Speed (42,93 Knoten)
PWA-Jahresrangliste: 7. Platz Waveriding / 1. Platz Slalom (Weltmeister)
ISA-Speed-Jahresrangliste: 1. Platz Speed (Weltmeister)

2006

Race of Champions, Gardasee (Italien):
2. Platz Slalom
Worldcup Gran Canaria, Pozo (Spanien):
2. Platz Slalom / 5. Platz Waveriding
Speedweek Fuerteventura (Spanien): 4. Platz Speed
(38,07 Knoten)
Worldcup Fuerteventura (Spanien): 5. Platz Slalom
Worldcup/IFCA-Slalom WM Alaçati (Türkei): 10. Platz Slalom
Speedweek Karpathos (Griechenland): 1. Platz Speed (40,01 Knoten)
Worldcup Sylt (Deutschland): 8. Platz Slalom
Speedweek Weymouth (Großbritannien): 2. Platz Speed
Speedweek Namibia: 3. Platz Speed
PWA-Jahresrangliste: 5. Platz Slalom
ISA-Speed-Jahresrangliste: 3. Platz Speed

2007

Worldcup Kapverden, Sal: 9. Platz Waveriding
Race around Fehmarn (Deutschland): 1. Platz (2:54 Stunden, neuer Rekord)
Worldcup Costa Brava (Spanien): 3. Platz Slalom
Worldcup Lanzarote (Spanien): 3. Platz Slalom
Worldcup Gran Canaria, Pozo (Spanien): 4. Platz Slalom / 17. Platz Waveriding
Speedweek Karpathos (Griehenland): 4. Platz Speed (38,45 Knoten)
Worldcup Fuerteventura (Spanien): 3. Platz Slalom
Speedweek Fuerteventura (Spanien): 4. Platz Speed (38,07 Knoten)

Die Statistik wurde erstellt von Alois Mühlegger (surf Magazin)

Die Statistik einer einzigartigen Karriere | 213

	Slalom/ Racing Anzahl der 1. Plätze	Slalom/ Racing Anzahl der 2. Plätze	Slalom/ Racing Anzahl der 3. Plätze	Slalom/ Racing Anzahl der Platzierungen zwischen 4-9	Slalom/ Racing Anzahl der Platzierungen über 10	Slalom/ Racing Wertung in der Jahres-rangliste
1984		1				
1985					1	
1986			1	2	1	4
1987	2			1		2
1988	8					1
1989	6	1	1	2		1
1990	6	1	1	1		1
1991	9	1		1		1
1992	5	1		1		1
1993	5					1
1994	3	2		1	1	1
1995	4	1		2		1
1996	6	1				1
1997	6			1		1
1998	2	1			1	1
1999	3			1		1
2000			3			3
2001						
2002						
2003						
2004						
2005	2	1				1
2006		2		2	1	5
Summe	67	13	6	15	5	

	Waveriding Anzahl der 1. Plätze	Waveriding Anzahl der 2. Plätze	Waveriding Anzahl der 3. Plätze	Waveriding Anzahl der Platzierungen zwischen 4-9	Waveriding Anzahl der Platzierungen über 10	Waveriding Wertung in der Jahres-rangliste
1984				1		
1985				1		
1986		1	1	2		3
1987		2				2
1988				3		3
1989	1	2		1	1	2
1990		3		1		1
1991	4	1		2		3
1992	2					1
1993	2	2				1
1994	1	2	1			1
1995	3			2		1
1996	2			1		2
1997			1	2		4
1998	1			2		3
1999	1		1	2		1
2000				1	2	9
2001	1	2		1		1
2002	1	1				2
2003			2			2
2004	1		1			3
2005				3		7
2006						
Summe	20	16	7	25	3	

	Kurs-rennen Anzahl der 1. Plätze	Kurs-rennen Anzahl der 2. Plätze	Kurs-rennen Anzahl der 3. Plätze	Kurs-rennen Anzahl der Platzierungen zwischen 4-9	Kurs-rennen Anzahl der Platzierungen über 10	Kurs-rennen Wertung in der Jahres-rangliste
1984						
1985						
1986					4	19
1987	1			3	2	5
1988	1	1	1	3	1	3
1989	5		1	2		2
1990	6					1
1991	5					1
1992	5					1
1993	2				1	1
1994	5					1
1995	1	1				
1996						
1997						
1998						
1999						
2000						
2001						
2002						
2003						
2004						
2005						
2006						
Summe	31	2	2	8	8	

	Overall Anzahl der 1. Plätze	Overall Anzahl der 2. Plätze	Overall Anzahl der 3. Plätze	Overall Anzahl der Platzierungen zwischen 4-9	Overall Anzahl der Platzierungen über 10	Overall Wertung in der Jahres-rangliste
1984						
1985						
1986			1	1	2	7
1987						2
1988	1		1			1
1989	5	1				1
1990	3	1				1
1991	6					1
1992	3					1
1993	2				1	1
1994	3	1		1		1
1995	3			1		1
1996	2			1		1
1997	2			1		1
1998	1			1		1
1999						1
2000						2
2001						
2002						
2003						
2004						
2005						
2006						
Summe	31	3	2	6	3	

Die Statistik einer einzigartigen Karriere

SCHLUSSWORT

Die vielleicht faszinierendste Eigenschaft des erfolgreichsten Sportlers aller Zeiten ist aber wohl, dass sich durch den Erfolg der Kern seines Wesens nicht verändert hat.

Während dieses Buch entstand und Bjørn am Ende eines langen Interviews, das ihn vom frühen Morgen bis in den frühen Nachmittag hinein davon abgehalten hatte, aufs Wasser zu gehen, endlich gegen vier Uhr nachmittags losfahren konnte, dem Passat entgegen, entstand eine andere, ebenso typische Geschichte, die Bjørn Dunkerbeck in einem besonderen Licht zeigt. Eine Geschichte, die hier ganz bewusst hinter der Geschichte um Bjørns Kampfgeist stehen soll, einfach, weil sie die andere, die unbekannte Seite von ihm darstellt.

Am Strand angekommen, fand Bjørn hervorragende Bedingungen vor. Während er mit Viktor, seinem Caddie, noch im Auto saß und die Bedingungen überprüfte, klopfte ein 65-jähriger Tourist an die Autoscheibe. Offensichtlich erkannte er Bjørn nicht, sondern war ganz und gar aufgelöst wegen seines Missgeschicks: Er hatte seinen Wagen zu weit auf den Strand hinuntergefahren. Der Wagen saß nun hoffnungslos fest, ließ sich weder vor- noch zurückbewegen. Der Tourist hielt Bjørn ein viel zu dünnes Seil vors Gesicht. Bjørn lächelte, und ohne nur eine Sekunde zu zögern, stieg er aus, winkte seinen Caddie zu sich heran, und gemeinsam schoben, zogen und zerrten sie den Wagen des älteren Herrn mit den Händen heraus, bis das Auto wieder festen Grund unter seinen vier Rädern hatte. Die ganze Aktion dauerte länger als eine halbe Stunde, und keine einzige Minute davon war Bjørn ungehalten, unhöflich oder nicht ernsthaft darum besorgt, dem Touristen zu helfen. Und nicht nur das. Auch um den Mietwagen des Mannes kümmerte er sich. Um das Auto nicht zu verbeulen oder zu zerkratzen, räumten er und sein Caddie alle Steine weg, die der Radaufhängung oder der Karosserie Schaden hätten zufügen können. Für Bjørn war das alles so selbstverständlich wie die Stunden danach, die er auf dem Wasser verbrachte, um neues Material zu testen. Alle, die Bjørn seit Jahren kennen, können viele dieser Geschichten erzählen, über ihn, den wohl erfolgreichsten Sportler aller Zeiten.

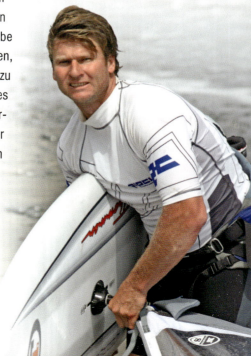

NAMENREGISTER

Baker, Nik: britischer Worldcupfahrer, Tester bei North Sails; Segelnummer: K-66

Belbéoch, Patrice: französischer Worldcupracer; Segelnummer: F-81;
Mitbegründer von Exocet

Brandner, Martin: Brand-Manager von Neil Pryd

Bringdal, Anders: schwedischer Weltklassesurfer; Segelnummer: S-10

Brockhaus, Peter: früher Inhaber von F2 Fun & Function

Buzianis, Micah: US-Spitzenwindsurfer; Segelnummer: US-34

Carvill, Scott: US-Spitzenwindsurfer; Segelnummer: US-20

Diaz, Jimmy: Chef-Tester bei North Sails

Hönscheid, Jürgen: deutscher Spitzenwindsurfer der 80er-Jahre; lebt heute auf
Fuerteventura

Hopf, Kai: Sail-Designer bei North Sails

Jensen, Vidar: norwegischer Spitzenwindsurfer; Segelnummer: N-44

Joa, Raoul: Line- und Produktmanager bei North Sails

Kohl, Christian: deutscher Worldcupfahrer; Segelnummer: G-660

Kristensen, Torkil: dänischer Kitesurfer; Segelnummer: D-40

Marcelli, Vittorio: italienischer Windsurfstar; Segelnummer: ITA-104

Mateschitz, Dietrich: Inhaber von Red Bull

Naish, Robby: Windsurf-Superstar, mit 22 Weltmeisterschaftstiteln nach Bjørn Dunkerbeck
der zweite erfolgreichste Windsurfer aller Zeiten; Segelnummer: US-1111

Polakow, Jason: australischer Spitzenwindsurfer; Segelnummer: KA-1111

Rasmussen, Svein: Gründer von Starboard

Ryan, Gary: Chiropraktiker, Maui/Hawaii

Sosa, Carlos: Chef-Designer der Proof-Boards

Thieme, Eric: französischer Worldcupfahrer; Segelnummer: F-808

Thommen, Peter: Inhaber von T1; Shaper von Bjørn

SACHREGISTER

Abdrift: das Versetzen nach ➜ Lee

abriggen: Mast, ➜ Gabelbaum, Segel voneinander trennen

Achterliek: hintere Kante des Segels

Aerial: Manöver beim Wellenabreiten, bei dem das Brett von der ➜ Lippe (brechender ➜ Wellenkamm) weggeschleudert wird und über die Welle hinausschießt, danach erfolgt die Landung vor dem gleichen ➜ Wellenkamm

Angleitbereich: Bereich des Surfboards, der für den Übergang von Verdrängerfahrt in die Gleitphase verantwortlich ist

Anströmwinkel: Winkel zwischen dem Segel und dem relativen Wind (jenem Wind, der aus Fahrtwind und tatsächlich vorherrschendem Wind entsteht)

auffieren: mit der hinteren Hand (Segelhand) den ➜ Gabelbaum wegdrücken, um den Segeldruck zu verringern

aufriggen: Mast, ➜ Gabelbaum, Segel zusammenbauen

Backloop: auch Rückwärtsloop; rückwärts gedrehter Looping nach ➜ Luv

Backside-360er: ein ➜ 360er, der über ➜ Luv gefahren wird

Backside off the lip: Drehen des Brettes auf der Wellenlippe beim ➜ Wellenreiten nach ➜ Luv

Backside-Wave-360er: ein nach ➜ Luv gedrehter ➜ 360er auf der ➜ Welle

Bauch: tiefste Stelle des Segelprofils

Beachbreak: ➜ Welle, die direkt auf den Strand bricht

Beaufort-Skala: Messwertskala der Windstärken

benetzte Fläche: die gesamte Fläche eines Bootskörpers, die mit dem Wasser in Berührung kommt. Der Wasserwiderstand des Brettes hängt im Gleiten auch von der benetzten Fläche seiner Unterseite ab. Je kleiner und kürzer sie ist, desto so schneller ist man

Boardspeed: Geschwindigkeit, die als Basis für Vergleichsmessungen herangezogen wird

Bottom Turn: Kurve im Wellental, um danach wieder gegen die ➔ Welle zu fahren

Brusttrapez: Trapezhaken und Gurt, der als Weste angelegt wird

Caddie: trägt das Material zum Strand, hilft dem Fahrer

Carve: Hineinschneiden des Brettes in den Wellenhang oder in die Wasseroberfläche

Clew First: Schothorn voraus fahren (das Segel verkehrt halten)

Cut Back: Drehung des Brettes auf dem ➔ Wellenkamm nach dem Hochfahren, um das Brett wieder nach unter zu richten

Dacron: Segeltuch

Donkey Kick: Das Brett im Flug kräftig nach ➔ Lee stoßen

Doppel-Elimination: Ausscheidungsverfahren, bei dem jeweils zwei Rennen bestritten werden, um den Aufstieg in die nächste Runde zu erreichen

Down-the-line-wave-360er: vor der Welle abfallen und einen ➔ 360er drehen

Drop: Einsteigen in ein Wellenset

Duck Jibe: Powerhalse, bei der man beim ➔ Schifften unter dem Segel durchtaucht

Duck Tack: ➔ Wende, bei der man unter dem Segel durchtaucht

Dünung: ➔ Wellen, die ohne Windeinwirkung über große Entfernungen laufen

Finne: Die Finnen führen das Brett und verringern die seitliche ➔ Abdrift. Bretter mit schmalem Heck, die an sich schon einen guten Griff im Wasser haben, benötigen weniger Finnenfläche; Boards mit breiterem Heck werden dagegen mit großen Finnen gefahren

Flachwasser-360er: volle Boarddrehung um 360 Grad, ohne das Segel zu ➔ schifften (die Segelseite zu wechseln)

Formular-Windsurfen: eigene Windsurf-Regattaklasse, die auf breiten und voluminösen Brettern gefahren wird, die bereits bei wenig Wind ins Gleiten kommen. Sie sind auf Geschwindigkeit und »Höhe laufen« (Fahrt in Richtung ➔ Luv) optimiert

Freestyle: Tricksurfen; Sammelbegriff für Manöver, die sämtliche Rotationen mit Segel und Brett in allen nur erdenklichen Kombinationen bieten

Frontloop: Vorwärtsloop

Funboard: Surfboard mit Fußschlaufen, das für den Starkwindbereich und die Welle optimiert ist

Gabelbaum: ellipsenförmige Griffleiste, in der das Segel gespannt wird und an der der Surfer das ➜ Rigg hält

Goiter: Beim Abreiten der Welle drückt sich der Surfer von der ➜ Lippe (➜ Wellenkamm) weg, dreht das Segel wie bei einer ➜ Heli Tack gegen den Wind und rotiert 360 Grad in der Luft, um wieder vor der Welle zu landen

GPS: Global Positioning System; Geschwindigkeitsmesssystem mit GPS-Signalen

Grip: Haftung der Füße am Brett sowie gummiartiger Belag am ➜ Gabelbaum, der die Haftung der Hände am ➜ Gabelbaum sichert

Halbwindkurs: der Kurs, bei dem der Wind im 90-Grad-Winkel zur Brettmittellinie bläst

Halse: Richtungsänderung, bei der das Brett mit dem Heck durch den Wind dreht

Heat: Einzelrennen, das zu einer Serie zählt, die wiederum gemeinsam einen Wettkampf ergibt

Heckwelle: ➜ Welle, die vom Brett erzeugt wird

Heli Tack: eine ➜ Wende, bei der man das ➜ Rigg kreisförmig nach ➜ Luv drückt

IFCA: International Funboard Class Association

ISA: International Surfing Association

Jaws: »Monster«-Welle

Jibe: englischer Begriff für ➜ Halse; Drehung mit dem Heck durch den Wind

Kabbelwasser: kleine Windwellen

King of the Lake: Regattaserie im Freestyle

Kitesurfen: Surfen mit Brett und Gleitschirm, ohne Mast und ➔ Gabelbaum

Kreuz: Kurs gegen die Windrichtung

Kreuzkurs/-schläge: Schläge am Wind, die im Zickzackkurs mal auf Steuerbordbug, mal auf Backbordbug gefahren werden

Lee: die dem Wind abgewandte Seite bzw. die Richtung, in die der Wind weht

Left: eine ➔ Welle, die vom Strand aus gesehen von links nach rechts bricht

Lippe (engl. lip): Oberkante/Kamm der (gerade brechenden) ➔ Welle (Wellenlippe)

Long Distance: Marathondistanz für Windsurfer

Luv: die dem Wind zugewandte Seite bzw. die Richtung, aus der der Wind kommt

Mittelwind: Windstärke zwischen 3 und 4 Beaufort

Offshore(wind): Der Wind bläst ablandig (aufs Meer hinaus)

Off the lip: Manöver (radikaler ➔ Turn) am Kamm der ➔ Welle, bei dem mindestens der Bug deutlich darüber hinausschießt

Onshore(wind): Der Wind bläst auflandig (vom Meer zum Land)

Open Class: offene Wettkampfklasse, Regatta auf Dreieckskurs

PBA: Professional Boardsailers' Association

Peak: Spitze des ➔ Wellenkamms

Pointbreak: Surfspot, an dem die ➔ Welle immer an derselben Stelle (als ➔ Right oder ➔ Left) bricht

PWA: Professional Windsurfers' Association

Raceboard: Surfboard, das für Kursrennen ausgelegt ist; für die langen ➔ Kreuzschläge mit einem ➔ Schwert ausgestattet, das die ➔ Abdrift verringert

Racesegel: Segel für Kursrennen

Raumschotkurs/raumer Winkel/raumschot: der Kurs, der schräg weg vom Wind verläuft – auf dem der Wind zwischen 90 und 160 Grad zur Brettmittellinie bläst

Raumschotschenkel/Raumschotschlag: eine Fahrtstrecke, die zwischen zwei Manövern liegt und ➔ raumschot gefahren wird

Riffbreak: eine ➔ Welle, die über einem Riff bricht, das knapp unter der Wasseroberfläche liegt

Rigg: Kombination von Mast, ➔ Gabelbaum und Segel

Right: ➔ Welle, die vom Strand aus gesehen von rechts nach links bricht

Sandbreak: ➔ Welle, die über einem Sandbereich bricht, der knapp unter Wasser liegt

schifften (engl. shiften): Das Segel bei der ➔ Halse über die Brettspitze von einer Seite auf die andere bringen

Schlag: eine Fahrtstrecke, die zwischen zwei Manövern liegt

Schwert: nach unten aus dem Brett herausragende Fläche zur Verringerung der ➔ Abdrift; kann aus- oder eingeklappt werden; wird nur bei Anfänger- oder Raceboards über drei Meter verwendet

Schwertbrett: Brett mit Schwertkasten und ➔ Schwert; wird nur bei Anfänger- oder Raceboards über drei Meter verwendet

Set: ➔ Wellen kommen in Gruppen (Sets) von größeren und kleineren Brechern auf den Strand zu; mehrere ➔ Wellen bilden ein Set

Shaper: Handwerker, der Surfbretter mit Schneidewerkzeugen und Raspeln aus Schaumstoffblöcken herausschneidet; werden in der Surfszene als Künstler gehandelt

Shorebreak: ➔ Wellen, die direkt auf das Ufer brechen und das Starten sehr schwierig machen

Sideoffshore(wind): Mischung aus ➔ Sideshore und ➔ Offshore; der Wind bläst schräg aufs Meer hinaus

Sideonshore(wind): Mischung aus ➔ Sideshore und ➔ Onshore; der Wind bläst vom Meer schräg aufs Land

Sideshore(wind): Der Wind bläst parallel zur Küste (zum Ufer)

Single-Elimination: Ausscheidungsverfahren, bei dem jeweils nur ein Rennen bestritten wird, um den Aufstieg in die nächste Runde zu erreichen

Sitztrapez: Kombination aus Trapezhaken und Gurt; wird um die Hüfte befestigt

Skipper: Segler, aber auch Surfer im Regattajargon

Slalom: Funboard-Regatta rund um zwei auf ➜ Halbwindkurs ausgelegte Tonnen

Speedsegel: Segel, das für Hochgeschwindigkeit optimiert ist

Spin-out: durch Ventilation (Luftblasen an der Finnenoberfläche) hervorgerufene, plötzliche Funktionsuntüchtigkeit der ➜ Finne; das Heck bricht aus

Spot: Surfrevier

Surf: Das Wort bedeutet im Englischen »Brandung«. Ein »Surfer« ist ein Wellenreiter. Ein Windsurfer heißt dagegen im Englischen »Boardsailor« oder »Windsurfer«

Surfbreak: der Bereich der brechenden ➜ Wellen

Swell: große Brandungswelle, die vom Seegang herrührt

Table Top: Manöver, bei dem die Brettunterseite nach oben gekehrt wird; vor der Landung muss das Brett wieder zurückgedreht werden

Tack: englischer Begriff für ➜ Wende; Drehung mit dem Bug durch den Wind

Tampen: kurzes Stück Leine

Tow-in-Surfen: Ein Jetski zieht den Surfer in die Brandungszone von Riesenwellen hinein, da man auf diesen ➜ Wellen durch Anpaddeln nicht starten kann und die Geschwindigkeit des Jetskis braucht, um auf den Wellenhang zu kommen

Trapez: Hüft- oder Sitzgurt mit Metallhaken, mit dem man bei stärkerem Wind einen Teil des Segeldrucks nicht mehr mit den Händen, sondern mit dem gesamten Körper halten kann

Trapeztampen: am ➜ Gabelbaum befestigte Leinen, in die man sich mit dem Trapezhaken einhängt

Trimm: Abstimmung des ➜ Vorlieks und ➜ Achterlieks, um einen optimalen Segelstand zu erhalten

Tube: Wenn ➔ Wellen steil und hoch brechen, bildet der Oberteil der sich überschlagenden ➔ Welle kurzzeitig eine Art Röhre

Turn: Manöver

Vorliek: vordere Kante des Segels

Vorwärtsloop: vorwärts gedrehter Looping; Drehung erfolgt eher vertikal

Vorwindkurs: der Kurs, bei dem der Wind direkt von hinten kommt (man fährt in Windrichtung)

Wave-360er: 360-Grad-Drehung des Brettes auf dem Wellenhang, ohne das Segel zu ➔ schifften

WBA: World Boardsailing Association

Wellen: Man unterscheidet Dünungswellen (➔ Swell), die durch weit entfernte Stürme erzeugt werden; Windwellen, die durch den Wind aufgeworfen werden, der auch im Surfrevier herrscht; und Kabbelwellen (Chop), sehr kleine, kurze Wellen, die das Brett sehr unruhig machen und ➔ Spin-outs begünstigen

Wellenkamm: oberste Kante des Wellenberges

Wellenreiten: auch als deutscher Begriff für Waveperformance oder Waveriding verwendet, einem technischen Wettbewerb in der Brandung, bei dem Sprünge, Wellenreiten und Manöver von einer Jury nach Punkten bewertet werden

Wende: Richtungsänderung mit dem Bug durch den Wind

Windstärke: Einteilung der Luftbewegung nach den Auswirkungen des Windes auf die See mit Skalenwerten von 0 bis 12 nach der Beaufort-Skala

Windswell (Windwellen): Wellen, die durch ein lokales Windsystem entstehen (Wind und Welle kommen meist aus der gleichen Richtung). Im Gegensatz zur Dünungswelle eine vom Wind erzeugte Welle

Wipe-out: ungewollter, dynamischer Abgang bei extremen Sprüngen und Manövern

360er: mit dem Surfboard einen Vollkreis (360 Grad) fahren

BILDNACHWEIS

Der Verlag dankt den im Anschluss genannten Fotografen und Firmen für ihre Unterstützung des Projekts und die Überlassung von Abbildungsvorlagen:

Alex Williams	Seite 20
Jason Childs	Seiten 18, 24
Chris Jung	Seiten 11, 68, 70, 74, 133, 144, 203, 214, 217
Darell Wong	Seiten 17, 63, 94, 170
J. Carter	Seiten 126, 161, 165, 171, 175, 180, 186, 203, 209
Jerome Houyvet	Seiten 23, 39, 40, 44, 51, 132, 145, 174, 208
John Bilderback	28, 29, 30, 31, 148, 149, 150, 151, 152, 153, 154, 155
Northsails	Seiten 89, 93, 128, 166, 172, 173, 206
Pixelio.de	Seiten 42, 48, 49, 52, 53, 57, 59
Red Bull	Seiten 10, 25, 27, 57, 104, 107, 109, 111
Victor Couto	Seiten 33, 34, 47, 49, 53, 55, 59, 64, 90, 97, 98, 102, 106, 113, 115, 118, 119, 120, 121, 122, 124, 125, 126, 129, 130, 136, 137, 141, 143, 147, 156, 159, 162, 169, 176, 179, 181, 183, 189, 202, 213, 218
Wolfgang Bernhard	Seiten 21, 26, 58, 60, 61, 62, 67, 68, 71, 72, 73, 76, 77, 78, 81, 82, 83, 84, 86, 87, 88, 95, 109, 127, 131, 132, 134, 138, 156, 157, 190, 193, 194, 195, 196, 197
York Dertinger	Seite 8

Liebe **Leserinnen**
und **Leser,**

haben Sie vielleicht schon mal daran gedacht, selbst ein Buch zu schreiben? Oder möchten Sie geschäftlich Ihre Kunden und Partner mit einem Buchgeschenk überraschen?

Dann zögern Sie nicht und kontaktieren Sie uns unter 089 44 44 679-0

oder schreiben Sie uns per eMail an: info@rivaverlag.de